문법탄탄
WRITING 1
문장의 기본편 ❶

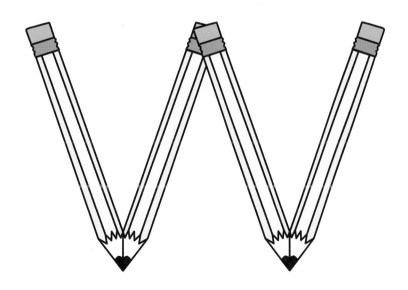

Happy House

How to Use This Book

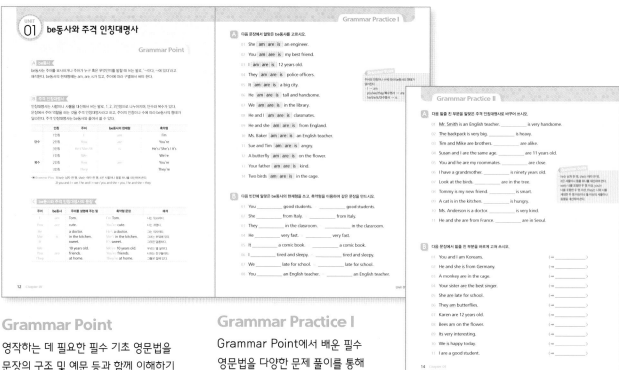

Grammar Point

영작하는 데 필요한 필수 기초 영문법을 문장의 구조 및 예문 등과 함께 이해하기 쉽게 설명하였습니다.

Grammar Practice I

Grammar Point에서 배운 필수 영문법을 다양한 문제 풀이를 통해 기초 실력을 다지고, 각 Unit의 주요 문장들의 구조에 익숙해지도록 하였습니다.

Grammar Practice II

Grammar Practice I보다 심화한 문제 풀이를 통해 필수 영문법과 각 Unit의 주요 문장들을 마스터하도록 하였습니다.

Prep Writing

본격적인 영작에 들어가기 전에 준비하는 단계로 학습한 필수 영문법을 문장에 적용하여 올바른 문장 쓰기를 연습할 수 있도록 하였습니다.

Sentence Writing

앞에서 배운 필수 영문법과 단계적 준비과정을 통해 익힌 실력으로 본격적인 완전한 영어문장 쓰기를 할 수 있도록 하였습니다.

Self-Study

필수 영문법을 토대로 한 올바른 영어문장 쓰기를 스스로 마무리하는 단계로
영문법에 대한 이해도와 자신의 영작 실력을 점검해 볼 수 있도록 하였습니다.

Actual Test

각 Chapter에서 배운 내용들을 통합하여 내신에 자주 출제되는 유형의 객관식
문제와 서술형 문제로 구성하여 학교 내신 대비뿐만 아니라 자신의 실력을 평가해
볼 수 있도록 하였습니다.

정답 및 해설

본문 문제들의 정답 및 명쾌한 해설과 문장의 해석을 수록하였습니다.
틀린 문제와 해석이 되지 않는 문제들을 정답지를 통해 확인하면서
다시 한 번 생각하고 점검해 볼 수 있습니다.

Contents

8품사 및 문장의 기본 요소

▶ 8품사

영어단어는 역할과 의미에 따라서 명사, 대명사, 동사, 형용사, 부사, 전치사, 접속사, 감탄사의 8개 품사로 나누어진다.

1 명사 (Noun)

명사는 사람, 사물, 또는 장소 등의 이름을 나타내는 말로, 문장에서 주어, 목적어, 보어 자리에 온다. 명사에는 Seoul, book, peace, water, people 등이 있다.

- Seoul is a beautiful city.
- They are reading books.

2 대명사 (Pronoun)

대명사는 명사를 대신하는 말로, 문장에서 명사처럼 주어, 목적어, 보어 자리에 온다. 대명사에는 I, you, she, this, it, this, those, her, them 등이 있다.

- He likes them.
- Are these your backpacks? Yes, they are.

3 동사 (Verb)

동사는 사람, 동물, 사물의 동작이나 상태를 나타내는 말로, be동사와 일반동사가 있다. be동사에는 am, are, is, was, were가 있고, 일반동사에는 go, buy, come, have 등이 있다.

- I am happy today.
- They were in the classroom.
- He goes to school at 8:30.

4 형용사 (Adjective)

형용사는 명사나 대명사의 성질, 모양, 형태를 설명하는 말로, 주로 명사를 수식하거나 주어나 목적어를 설명하는 보어 자리에 온다. 형용사에는 beautiful, tall, honest, bright, clever, handsome 등이 있다.

- She is a beautiful woman.
- The man looks clever.

5 부사 (Adverb)

부사는 동사, 형용사, 부사, 혹은 문장 전체를 꾸며 주는 말로, 주로 수식어로 쓰인다. 부사에는 often, early, very, really, too 등이 있다.

- We often visit our grandparents.
- James is very handsome.
- She drives her car very carefully.

6 전치사 (Preposition)

전치사는 명사나 대명사 앞에 붙어서 시간, 방법, 장소, 목적 등을 나타내는 말로, 전치사에는 at, on, in, for, of, to, from, with, about 등이 있다.

- The restaurant opens at 11 o'clock.
- He lives in an apartment.
- I go to school by bus.

7 접속사 (Conjunction)

접속사는 단어와 단어, 구와 구, 문장과 문장을 연결해 주는 말로, 접속사에는 and, but, or, when, because, if, so 등이 있다.

- I love my mother and father.
- Do you want to go shopping or stay at home?
- She is in a hurry because she is late for school.

8 감탄사 (Exclamation)

감탄사는 말하는 사람의 기쁨, 놀람, 슬픔 등의 감정을 강하게 표현하는 말로, 감탄사에는 wow, oh, oops 등이 있다.

- Wow, it's great.
- Oh, don't worry. You will be okay.
- Oops, I forgot about it.

▶ 문장의 기본 요소

모든 문장은 주어와 동사로 이루어져 있고, 목적어와 보어는 문장을 보충 설명해 준다. 이렇게 문장을 이루는 데 기본이 되는 주어, 동사, 목적어, 보어를 문장의 기본 요소라고 한다.

1 주어 (Subject)

동작이나 상태의 주체로, 일반적으로 문장의 맨 앞에 와서 '~은, ~는, ~이, ~가'로 해석된다.
주로 명사나 대명사가 주어 자리에 온다.

- Jenny is pretty. Jenny는 예쁘다.
- She speaks English well. 그녀는 영어를 잘한다.

2 동사 (Verb)

주어의 동작이나 상태를 나타내는 말로, '~이다, ~하다'로 해석된다. 동사는 문장에서 보통 주어 뒤에 온다.

- Jenny is pretty. Jenny는 예쁘다.
- She speaks English well. 그녀는 영어를 잘한다.

3 목적어 (Object)

동사의 행위에 대한 대상이 되는 말로, ' ~을, ~를, ~에게'로 해석된다. 목적어는 문장에서 보통 동사 뒤에 오고,
주로 명사나 대명사가 목적어 자리에 온다.

- My sister wears glasses. 나의 여동생은 안경을 쓴다.
- Don't tell her. 그녀에게 말하지 마.

4 보어 (Complement)

주어나 목적어를 보충 설명해주는 말로 주어를 보충 설명해주면 주격보어, 목적어를 보충 설명해주면 목적격보어이다.
주로 명사나 형용사가 보어 자리에 온다.

- Mr. Smith is a firefighter. Smith 씨는 소방관이다.
- The song makes me sad. 그 노래는 나를 슬프게 만든다.

Cf. 수식어 (Modifier)

꾸며주는 말로 문장에서 꼭 필요하지는 않지만 문장의 기본 요소들을 수식해서 의미를 더 자세하게 해주는 역할을 한다.

- He is a kind student. 그는 친절한 학생이다.
- She studies English hard. 그녀는 영어를 열심히 공부한다.

영어는 우리말과 달라서 영어문장을 쓸 때는 다음의 것을 주의해야 한다.

1 영어의 어순

우리말 문장의 어순은 「주어 + 목적어/보어 + 동사」인데 반해, 영어문장은 「주어 + 동사 + 목적어/보어」가
일반적이다. 우리말 순서대로 영어를 쓰면 올바른 문장이 성립되지 않는다. 즉 영어문장을 쓸 때는
주어 다음에 바로 동사를 쓰고, 그 뒤에 목적어나 보어를 쓴다.

　　　우리말의 어순　　　　　　　　　**영어의 어순**

- 우리는 사과를 좋아한다.　➡　• We like apples.
　주어　목적어　　동사　　　　　　　주어　동사　목적어

- 그들은 훌륭한 의사들 이다.　➡　• They are good doctors.
　주어　　　보어　　동사　　　　　　주어　동사　　보어

2 대문자 사용

영어문장을 쓸 때 첫 글자는 반드시 대문자로 시작한다. 그러나 대명사 I나, 사람 이름 등은 문장 어디에
오든지 항상 대문자로 쓴다.

- They have a good time.
- Do I look great?
- The teacher knows Sam and Penny.

3 구두점 사용

영어문장 맨 끝에는 우리말과 마찬가지로 반드시 마침표, 물음표(의문문), 느낌표(감탄문) 등의 구두점을 쓴다.

- She plays the piano very well.
- What day is it today?
- How beautiful it is!

be동사

✔ 영작 Key Point

be동사와 주격 인칭대명사	be동사의 부정문	be동사의 의문문
I + am	I am + not	Am I ~?
You/We/They + are	You/We/They are + not	Are you/we/they ~?
He/She/It + is	He/She/It is + not	Is he/she/it ~?

be동사와 주격 인칭대명사

A be동사

be동사는 주어를 묘사하거나 주어가 누구 혹은 무엇인지를 말할 때 쓰는 말로, '~이다, ~에 있다'라고 해석한다. be동사의 현재형에는 am, are, is가 있고, 주어에 따라 구별해서 써야 한다.

B 주격 인칭대명사

인칭대명사는 사람이나 사물을 대신해서 쓰는 말로, 1, 2, 3인칭으로 나누어지며, 단수와 복수가 있다.
문장에서 주어 역할을 하는 것을 주격 인칭대명사라고 하고, 주어의 인칭이나 수에 따라 be동사의 형태가
달라진다. 주격 인칭대명사는 be동사와 줄여서 쓸 수 있다.

	인칭	주어	be동사의 현재형	축약형
단수	1인칭	I	am	I'm
	2인칭	You	are	You're
	3인칭	He / She / It	is	He's / She's / It's
복수	1인칭	We		We're
	2인칭	You	are	You're
	3인칭	They		They're

➕ Grammar Plus 1) he는 남자 한 명, she는 여자 한 명, it은 사물이나 동물 하나를 대신하여 쓴다.
2) you and I = we / he and I = we / you and she = you / he and she = they

C be동사와 주격 인칭대명사의 문장

주어	be동사	주어를 설명해 주는 말	축약형 문장	해석
I	am	Tom.	I'm Tom.	나는 Tom이다.
You	are	cute.	You're cute.	너는 귀엽다.
He She It	is	a doctor. in the kitchen. sweet.	He's a doctor. She's in the kitchen. It's sweet.	그는 의사이다. 그녀는 부엌에 있다. 그것은 달콤하다.
We You They	are	10 years old. friends. at home.	We're 10 years old. You're friends. They're at home.	우리는 열 살이다. 너희는 친구들이다. 그들은 집에 있다.

A 다음 문장에서 알맞은 be동사를 고르시오.

01 She   am are is   an engineer.

02 You   am are is   my best friend.

03 I   am are is   12 years old.

04 They   am are is   police officers.

05 It   am are is   a big city.

06 He   am are is   tall and handsome.

07 We   am are is   in the library.

08 He and I   am are is   classmates.

09 He and she   am are is   from England.

10 Ms. Baker   am are is   an English teacher.

11 Sue and Tim   am are is   angry.

12 A butterfly   am are is   on the flower.

13 Your father   am are is   kind.

14 Two birds   am are is   in the cage.

B 다음 빈칸에 알맞은 be동사의 현재형을 쓰고, 축약형을 이용하여 같은 문장을 만드시오.

01 You _____ good students. = _____ good students.

02 She _____ from Italy. = _____ from Italy.

03 They _____ in the classroom. = _____ in the classroom.

04 He _____ very fast. = _____ very fast.

05 It _____ a comic book. = _____ a comic book.

06 I _____ tired and sleepy. = _____ tired and sleepy.

07 We _____ late for school. = _____ late for school.

08 You _____ an English teacher. = _____ an English teacher.

Grammar Practice II

A 다음 밑줄 친 부분을 알맞은 주격 인칭대명사로 바꾸어 쓰시오.

01 <u>Mr. Smith</u> is an English teacher. _____ is very handsome.

02 <u>The backpack</u> is very big. _____ is heavy.

03 <u>Tim and Mike</u> are brothers. _____ are alike.

04 <u>Susan and I</u> are the same age. _____ are 11 years old.

05 <u>You and he</u> are my roommates. _____ are close.

06 I have a <u>grandmother</u>. _____ is ninety years old.

07 Look at <u>the birds</u>. _____ are in the tree.

08 <u>Tommy</u> is my new friend. _____ is smart.

09 <u>A cat</u> is in the kitchen. _____ is hungry.

10 <u>Ms. Anderson</u> is a doctor. _____ is very kind.

11 <u>He and she</u> are from France. _____ are in Seoul.

Grammar Guide

· he는 남자 한 명, she는 여자 한 명, it은 사물이나 동물 하나를 대신하여 쓴다.
· we는 나를 포함한 두 명 이상, you는 너를 포함한 두 명 이상, they는 나와 너를 제외한 두 명 이상이나 둘 이상의 사물이나 동물을 대신하여 쓴다.

B 다음 문장에서 밑줄 친 부분을 바르게 고쳐 쓰시오.

01 You and I <u>am</u> Koreans. (➡ _____)

02 He and she <u>is</u> from Germany. (➡ _____)

03 A monkey <u>are</u> in the cage. (➡ _____)

04 Your sister <u>are</u> the best singer. (➡ _____)

05 She <u>are</u> late for school. (➡ _____)

06 They <u>am</u> butterflies. (➡ _____)

07 Karen <u>are</u> 12 years old. (➡ _____)

08 Bees <u>am</u> on the flower. (➡ _____)

09 <u>Its</u> very interesting. (➡ _____)

10 We <u>is</u> happy today. (➡ _____)

11 I <u>are</u> a good student. (➡ _____)

A 다음 주어진 우리말과 일치하도록 빈칸에 알맞은 말을 쓰시오.

01 우리는 종종 학교에 지각한다.

➡ _____ _____ often late for school.

02 그것은 양초이다.

➡ _____ _____ a candle.

03 나는 지금 하와이에 있다.

➡ _____ _____ in Hawaii now.

04 Ken과 Tom은 군인이다. 그들은 용감하다.

➡ Ken and Tom _____ soldiers. _____ _____ brave.

05 너는 귀엽고 영리하다.

➡ _____ _____ cute and smart.

B 다음 보기와 같이 주어진 단어와 be동사의 현재형을 사용하여 문장을 만드시오.

보기 he / very smart ➡ He is very smart.

01 she / a good cook ➡ _____

02 I / busy today ➡ _____

03 we / 13 years old ➡ _____

04 Mr. Brown / an actor ➡ _____

05 it / in the basket ➡ _____

06 your brother / very tall ➡ _____

07 James and David / from Canada ➡ _____

08 you / my best friend ➡ _____

Sentence Writing

Writing Guide

· 주어가 I일 때 be동사는 am을 쓴다.　　　　　　　→　　I am 15 years old.
· 주어가 you/we/they/복수명사일 때 be동사는 are를 쓴다.　→　The monkeys are smart.
· 주어가 he/she/it/단수명사일 때 be동사는 is를 쓴다.　　→　She is a nurse.

A 다음 우리말과 일치하도록 주어진 단어를 올바르게 배열하시오.

01 그것은 매우 맛있다. (is, it, delicious, very)

➡ _____

02 너희는 훌륭한 야구 선수들이다. (are, baseball, players, you, good)

➡ _____

03 서울은 아름다운 도시이다. (beautiful, Seoul, a, city, is)

➡ _____

04 그 학생들은 교실 안에 있다. (the classroom, are, in, the students)

➡ _____

B 다음 주어진 말을 이용하여 우리말을 영작하시오.

01 그들은 수영장에 있다. (in the swimming pool)

➡ _____

02 James는 유명한 배우이다. (famous actor)

➡ _____

03 네 여동생은 나의 가장 좋은 친구이다. (my best friend)

➡ _____

04 로마는 이탈리아에 있다. (Rome, in Italy)

➡ _____

05 우리는 동갑이다. (the same age)

➡ _____

A 다음 문장에서 알맞은 것을 고르시오.

01 They   am | is | are   airplanes and trains.

02 A fire truck   am | is | are   red.

03   You | I | It   am tall and thin.

04 Look at the monkeys.   It | They | We   is | are   funny.

05 Sue and I   am | are   12 years old.   You | We | She   are friends.

B 다음 주어진 우리말과 일치하도록 빈칸에 알맞은 말을 쓰시오.

01 그와 그녀는 영화관에 있다.

→ _____ and _____ _____ at the movie theater.

02 나는 피곤하고 졸리다.

→ _____ _____ tired and sleepy.

03 스위스는 유럽에 있다. 그것은 아름다운 나라이다.

→ Switzerland _____ in Europe. _____ a beautiful country.

C 다음 주어진 말을 이용하여 우리말을 영작하시오.

01 너희는 정직하고 영리하다. (honest, smart)

→ _____

02 그 고양이는 정원에 있다. (in the garden)

→ _____

03 그와 그녀는 중국인이다. (Chinese)

→ _____

04 그들은 오늘 매우 바쁘다. (busy)

→ _____

be동사의 부정문과 의문문

Grammar Point

A be동사의 부정문

be동사의 부정문은 be동사 뒤에 not을 쓰고, '~이 아니다, ~하지 않다'라고 해석한다.

주어	be동사 + not	주어를 설명해 주는 말	해석
I	am not	Susan.	나는 Susan이 아니다.
You	are not (= aren't)	tall.	너는 키가 크지 않다.
He She It	is not (= isn't)	from India. at home. pretty.	그는 인도 출신이 아니다. 그녀는 집에 있지 않다. 그것은 예쁘지 않다.
We You They	are not (= aren't)	10 years old. teachers. tired.	우리는 열 살이 아니다. 너희는 선생님들이 아니다. 그들은 피곤하지 않다.

➔ **Grammar Plus** be동사의 부정문도 줄여서 쓸 수 있다. be동사와 not을 줄여서, are not → aren't, is not → isn't로 쓴다. am not은 줄여서 쓸 수 없다.

B be동사의 의문문

be동사의 의문문은 be동사와 주어의 위치를 바꾸고, 맨 뒤에 물음표를 붙인다. be동사의 의문문은 '~입니까?'라고 해석하며, 대답은 Yes/No로 한다.

be동사	주어	주어를 설명해 주는 말	해석	대답 긍정	대답 부정
Am	I	tall?	제가 키가 큽니까?	Yes, you are.	No, you aren't.
Are	you	from China?	너는 중국 출신이니?	Yes, I am.	No, I'm not.
Is	he she it	Michael? 10 years old? a mouse?	그가 Michael이니? 그녀는 열 살이니? 그것은 쥐니?	Yes, he is. Yes, she is. Yes, it is.	No, he isn't. No, she isn't. No, it isn't.
Are	we you they	late for school? students? at the park?	우리는 학교에 늦었니? 너희는 학생들이니? 그들은 공원에 있니?	Yes, you/we are. Yes, we are. Yes, they are.	No, you/we aren't. No, we aren't. No, they aren't.

A 다음 문장에서 알맞은 것을 고르시오.

01 She [is not | am not] a nurse.

02 They [are not | is not] interesting.

03 [Is you | Are you] Mr. Brown?

04 [Am I | I am] short?

05 [Is he | Are he] an English teacher?

06 He [aren't | isn't] in the car.

07 [Are | Is] your mother at home?

08 A turtle [is not | are not] fast.

09 [Are | Is] he and she 12 years old?

10 [I | She] am not from China.

11 Are you soccer players? Yes, [she | we] [are | is].

12 Are the bags expensive? No, [it | they] [isn't | aren't].

Grammar Guide
· be동사의 부정문은 be동사 뒤에 not이 온다.
· be동사의 의문문은 be동사가 주어 앞에 온다.

B 다음 질문에 대한 대답을 완성하되 부정의 대답은 축약형으로 쓰시오.

01 Ⓐ Are you a new student?　　　　Ⓑ Yes, _____ _____.

02 Ⓐ Look at the animals. Are they mice?　　Ⓑ Yes, _____ _____.

03 Ⓐ Is he a pilot?　　　　Ⓑ No, _____ _____.

04 Ⓐ Is it on the table?　　　　Ⓑ No, _____ _____.

05 Ⓐ Am I wrong?　　　　Ⓑ No, _____ _____.

06 Ⓐ Are your students in the classroom?　Ⓑ Yes, _____ _____.

07 Ⓐ Is your sister pretty?　　　　Ⓑ Yes, _____ _____.

08 Ⓐ Is Seoul the capital of Korea?　　Ⓑ Yes, _____ _____.

09 Ⓐ Is Ms. Anderson Canadian?　　Ⓑ No, _____ _____.

10 Ⓐ Is your uncle sick?　　　　Ⓑ No, _____ _____.

A 다음 문장에서 밑줄 친 부분을 바르게 고쳐 쓰시오.

01 I <u>amn't</u> 13 years old. (➡ _____)

02 We <u>not are</u> on the first floor. (➡ _____)

03 <u>Are</u> your school near the park? (➡ _____)

04 <u>Am</u> you tired today? (➡ _____)

05 They <u>don't be</u> hungry. (➡ _____)

06 James <u>aren't</u> my best friend. (➡ _____)

07 <u>Are</u> your uncle an engineer? (➡ _____)

08 You and I <u>am</u> not lazy. (➡ _____)

09 Is he from Japan? Yes, he <u>are</u>. (➡ _____)

10 Am I tall? Yes, <u>I am</u>. (➡ _____)

B 다음 주어진 문장을 지시대로 바꾸어 쓰시오.

01 They are airplanes.

부정문 ➡ _____

02 I am angry now.

부정문 ➡ _____

03 It is in the kitchen.

의문문 ➡ _____

04 Seoul is a big city.

의문문 ➡ _____

05 The tomatoes are fresh.

의문문 ➡ _____

06 He and she are at the movie theater.

의문문 ➡ _____

A 다음 주어진 우리말과 일치하도록 빈칸에 알맞은 말을 쓰시오.

01 그것은 수박이 아니다.

➡ _____ _____ _____ a watermelon.

02 너는 지금 배가 고프니?

➡ _____ _____ hungry now?

03 우리는 같은 반이 아니다.

➡ _____ _____ _____ in the same class.

04 그것은 책상 위에 있니?

➡ _____ _____ on the desk?

05 그녀는 마당에 없다.

➡ _____ _____ _____ in the yard.

B 다음 보기와 같이 주어진 단어와 be동사의 현재형을 사용하여 지시대로 문장을 만드시오.

> 보기 he / thirsty   부정문   __He is not (= isn't) thirsty.__

01 John and I / in the first grade

긍정문 ➡ _____

02 she / a queen

부정문 ➡ _____

03 it / your umbrella

의문문 ➡ _____

04 you / in the living room

의문문 ➡ _____

05 they / famous pianists

의문문 ➡ _____

Sentence Writing

· be동사의 부정문은 「주어 + be동사 + not」 순으로 쓴다.　　→　　She is not tall.
· be동사의 의문문은 「be동사 + 주어 ~?」 순으로 쓴다.　　→　　Is she tall?

A 다음 우리말과 일치하도록 주어진 단어를 올바르게 배열하시오.

01 그는 현명한 왕이 아니다. (is, a, king, not, he, wise)

➡ _____

02 그 아이들은 운동장에 없다. (are, the children, not, the playground, on)

➡ _____

03 너희는 춥고 배가 고프니? (cold, hungry, are, and, you, ?)

➡ _____

04 그녀는 영국 출신이니? (England, is, from, she, ?) 응, 그래. (she, yes, is)

➡ _____

B 다음 주어진 말을 이용하여 우리말을 영작하시오.

01 그것은 나의 반려동물이 아니다. (my pet)

➡ _____

02 나는 오늘 졸리지 않다. (sleepy)

➡ _____

03 우리는 쌍둥이가 아니다. (twins)

➡ _____

04 네 여동생은 정원에 있니? (in the garden) 응, 그래.

➡ _____

05 너와 Kate는 고등학생이니? (high school students) 아니, 그렇지 않아.

➡ _____

A 다음 문장에서 알맞은 것을 고르시오

01 She   not is | is not   a child.

02   They are | Are they   in the room?

03 I   am not | are not   from England.

04 He   aren't | isn't   a firefighter.

05 Is my shirt on the table? Yes,   it | I   is | am   .

B 다음 주어진 우리말과 일치하도록 빈칸에 알맞은 말을 쓰시오.

01 그녀는 게으른 소녀가 아니다.

➡ _____ _____ _____ a lazy girl.

02 그들은 힘이 세니? 응, 그래.

➡ _____ _____ strong? Yes, _____ _____ .

03 네 남동생은 집에 있니? 아니, 그렇지 않아.

➡ _____ your brother at home? No, _____ _____ .

C 다음 주어진 말을 이용하여 우리말을 영작하시오.

01 그는 체육관에 없다. (in the gym)

➡ _____

02 당신은 예술가입니까? (artist) 네, 그렇습니다.

➡ _____

03 그것은 낙타가 아니다. (camel)

➡ _____

04 그들은 뉴질랜드 출신이니? (New Zealand) 아니, 그렇지 않아.

➡ _____

Actual Test

[01-02] 다음 빈칸에 들어갈 수 있는 것을 고르시오.

01　She _____ a computer programmer.

　　① am not　　② aren't　　③ are　　④ am　　⑤ is

02　Look at the flowers. Are _____ roses?

　　① he　　② it　　③ they　　④ you　　⑤ we

[03-04] 다음 빈칸에 들어갈 수 <u>없는</u> 것을 고르시오.

03　_____ isn't on the first floor.

　　① He　　② Tommy　　③ It　　④ She　　⑤ You

04　Are _____ in the same class?

　　① he and she　　② you　　③ your sister　　④ they　　⑤ we

[05-06] 다음 빈칸에 알맞은 말이 바르게 짝지어진 것을 고르시오.

05　My parents _____ on Jeju Island, and I _____ in Seoul.

　　① are, am　　② are, is　　③ is, am　　④ is, is　　⑤ are, are

06　We _____ late for school. She _____ late for school.

　　① is, isn't　　② are, am not　　③ isn't, is　　④ aren't, are　　⑤ aren't, is

[07-08] 다음 대화의 빈칸에 들어갈 알맞은 것을 고르시오.

07

Ⓐ Are you a nurse?　　Ⓑ Yes, _____.

　　① I'm not　　② I am　　③ they are　　④ he is　　⑤ you are

08

Ⓐ Is your brother a soldier?　　Ⓑ No, _____. He is a police officer.

　　① he is　　② it is　　③ she is　　④ he isn't　　⑤ it isn't

09 다음 중 밑줄 친 부분이 바르지 못한 것을 고르시오.

① He's a firefighter.   ② They're from Canada.

③ We aren't 12 years old.   ④ It's a bear.

⑤ I amn't shy.

10 다음 중 올바른 문장이 아닌 것을 고르시오.

① I am in the fifth grade.   ② She isn't tall.

③ Is Mr. Brown an engineer?   ④ The elephants aren't small.

⑤ Are your brother an elementary school student?

11 다음 중 문장을 지시대로 바르게 바꾼 것을 고르시오.

① The song is very good. 의문문➔ Are the song very good?

② You are lazy. 부정문➔ You not are lazy.

③ They are in the library. 의문문➔ Are they in the library.

④ London is a beautiful city. 의문문➔ Is London a beautiful city?

⑤ I am a businessman. 부정문➔ I are not a businessman.

[12–13] 다음 우리말을 영작했을 때 밑줄 친 부분 중 틀린 것을 고르시오.

12 그는 영어 선생님이다. 그는 키가 크고 잘생겼다.

➔ He are an English teacher. He is tall and handsome.
   ① ② ③   ④ ⑤

13 너의 여행 가방은 차 안에 있니? 아니, 그렇지 않아.

➔ Is your suitcase in the car? No, she is not.
  ①   ② ③ ④ ⑤

14 다음 중 우리말을 올바르게 영작한 것이 아닌 것을 고르시오.

① 그녀는 뚱뚱하지 않다. → She is not fat.

② 나는 야구 선수가 아니다. → I'm not a baseball player.

③ 그것은 책상 위에 있니? → Is it on the desk?

④ 너희는 2학년이니? → Are you in the second grade?

⑤ 그와 그녀는 매우 영리하다. → He and she is very smart.

15 다음 글을 읽고 빈칸에 **am**, **are**, **is** 중 알맞은 것을 쓰시오.

Sally _____ my best friend. She _____ 14 years old. I _____ 14 years old,

too. Her father _____ a businessman. My father _____ a teacher.

Sally and I _____ middle school students. We _____ in the same class now.

[16-18] 다음 주어진 말을 이용하여 우리말을 영작하시오.

16 그 강아지들은 집에 없다. (the puppies)

➡ _____

17 나는 유명한 가수가 아니다. (famous singer)

➡ _____

18 그것은 무료 티켓이니? (free ticket) 응, 그래.

➡ _____

[19-20] 다음 표를 보고 **Brian**과 그의 여동생 **Sarah**에 관한 글을 완성하시오.

	성격	특징
Brian	not shy, funny	tall, thin
Sarah	talkative	not short, cute

19 My name is Brian. _____ _____ _____ shy.

_____ _____ funny. _____ _____ tall and thin.

20 Sarah _____ my sister. _____ _____ talkative.

_____ _____ short. _____ _____ cute.

Chapter 02

일반동사

✔ 영작 Key Point

일반동사의 현재형	일반동사의 부정문	일반동사의 의문문
I/You/We/They + 동사원형	I/You/We/They + do not	Do I/you/we/they + 동사원형 ~?
He/She/It + 동사원형-(e)s	He/She/It + does not	Does he/she/it + 동사원형 ~?

일반동사의 현재형

일반동사란 **play**, **go**, **have**, **take** 등과 같이 동작이나 상태를 나타내는 동사를 말한다.

A 일반동사의 현재형

일반동사의 현재형은 주어의 인칭과 수에 따라 형태가 달라진다. 주어가 1인칭, 2인칭, 복수일 때는
동사원형을 쓰고, 3인칭 단수일 때는 동사원형에 -(e)s를 붙인다.

	주어	일반동사의 형태	해석
1인칭	I	know the teacher.	나는 그 선생님을 안다.
2인칭	You	look happy.	너는 행복해 보인다.
복수	We You They My sisters	like pizza. study hard. live in Seoul. have big eyes.	우리는 피자를 좋아한다. 너희는 열심히 공부한다. 그들은 서울에 산다. 내 여동생들은 눈이 크다.
3인칭 단수	He She It Sam The bird My sister	knows the teacher. looks happy. likes bananas. studies hard. lives in a cage. has big eyes.	그는 그 선생님을 안다. 그녀는 행복해 보인다. 그것은 바나나를 좋아한다. Sam은 열심히 공부한다. 그 새는 새장 안에서 산다. 내 여동생은 눈이 크다.

B 일반동사의 3인칭 현재 단수형

일반동사의 현재형에서 주어가 3인칭 단수일 때 대부분의 동사는 동사원형에 -(e)s를 붙이지만, 동사에 따라
조금씩 다르다.

대부분의 동사	동사원형에 -s를 붙인다.	eat → eats, live → lives, like → likes
-s, -ch, -sh, -o, -x로 끝나는 동사	동사원형에 -es를 붙인다.	pass → passes, watch → watches, wish → wishes, do → does, mix → mixes
'자음 + -y'로 끝나는 동사	y를 i로 바꾸고 -es를 붙인다.	cry → cries, try → tries, fly → flies, study → studies
'모음 + -y'로 끝나는 동사	동사원형에 -s를 붙인다.	stay → stays, play → plays
불규칙하게 변하는 동사	–	have → has

A 다음 문장에서 알맞은 것을 고르시오.

01 She (work works) at a hospital.

02 They (play plays playes) soccer after school.

03 I (washs washes wash) my hair in the morning.

04 The baby (cry cries crys) every night.

05 You (look looks) very sleepy.

06 We (goes go) to bed at 10 o'clock.

07 It (likes like) milk and cheese.

08 Turtles (moves move) slowly.

09 My parents (go goes) to church on Sunday.

10 Jenny (have has) lunch at noon.

Grammar Guide
· 주어가 1인칭(I), 2인칭(you), 복수(we/you/they ...)일 때 동사원형을 쓴다.
· 주어가 3인칭 단수(he/she/it ...)일 때 동사원형에 -(e)s를 붙인다.

B 다음 괄호 안의 동사를 빈칸에 알맞은 현재형 형태로 바꾸어 쓰시오.

01 He _____ English every day. (study)

02 We _____ our homework after school. (do)

03 She _____ a walk every morning. (take)

04 They _____ a lot of books. (have)

05 I have a dog. It _____ bones very much. (like)

06 The shop _____ at 10 a.m. (open)

07 You _____ tired and hungry. (look)

08 Karen and Chris _____ each other. (help)

09 Ms. Anderson _____ math at school. (teach)

10 Mr. Baker _____ in New York. (stay)

11 An eagle _____ so high. (fly)

12 My sister _____ her teeth well. (brush)

A 다음 문장에서 밑줄 친 부분을 바르게 고쳐 쓰시오.

01 She <u>haves</u> breakfast with her family. (➜ _____)

02 Mary <u>do</u> the dishes after every meal. (➜ _____)

03 He <u>plaies</u> the flute every weekend. (➜ _____)

04 They <u>watches</u> news on TV. (➜ _____)

05 He <u>try</u> his best. (➜ _____)

06 He and she <u>drinks</u> coffee in the afternoon. (➜ _____)

07 The sun <u>rise</u> in the east. (➜ _____)

08 A cheetah <u>run</u> very fast. (➜ _____)

09 I <u>washes</u> my face in the morning. (➜ _____)

10 Jenny and Sam <u>talks</u> on the phone. (➜ _____)

B 다음 밑줄 친 부분을 괄호 안의 단어로 바꾸어 문장을 다시 쓰시오.

01 <u>The boy</u> studies math hard. (we)

➜ _____

02 <u>I</u> live in a small town. (Chris)

➜ _____

03 <u>You</u> mix flour and water. (my mother)

➜ _____

04 <u>They</u> do the dishes after dinner. (she)

➜ _____

05 <u>It</u> has long legs. (giraffes)

➜ _____

06 <u>He</u> plays computer games after school. (Ken and Penny)

➜ _____

A 다음 주어진 우리말과 일치하도록 빈칸에 알맞은 말을 쓰시오.

01 나는 매일 자전거를 탄다.

→ I _____ my bike every day.

02 Johnson 씨는 한국에서 호텔에 머문다.

→ Mr. Johnson _____ at a hotel in Korea.

03 그녀는 8시 30분에 학교에 간다.

→ She _____ to school at 8:30.

04 그는 자동차를 한 대 가지고 있다. 그것은 오래되어 보인다.

→ He _____ a car. It _____ old.

05 나의 아버지는 일찍 일어나신다. 그는 아침에 영어를 공부한다.

→ My father _____ up early. He _____ English in the morning.

B 다음 보기와 같이 주어진 단어와 일반동사의 현재형을 사용하여 문장을 만드시오.

| 보기 | she / play the violin → __She plays the violin.__ |

01 they / do their homework → _____

02 your brother / watch TV → _____

03 it / have short ears → _____

04 the child / fly a kite → _____

05 I / study science hard → _____

06 the baker / mix eggs and milk → _____

07 a bat / live in a cave → _____

08 you / look healthy → _____

Sentence Writing

A 다음 우리말과 일치하도록 주어진 단어를 올바르게 배열하시오.

01　우리는 식사 전에 손을 씻는다. (we, hands, before meals, wash, our)

➡ _____

02　그 아기는 밤에 운다. (cries, the baby, at night)

➡ _____

03　Mary는 8시30분에 학교에 간다. (goes, at 8:30, Mary, to school)

➡ _____

04　나의 아버지는 학교에서 과학을 가르치신다. (my, at school, science, teaches, father)

➡ _____

B 다음 주어진 말을 이용하여 우리말을 영작하시오.

01　그는 매일 두 잔의 우유를 마신다. (two glasses of milk)

➡ _____

02　그녀는 하루에 세 번 이를 닦는다. (three times a day)

➡ _____

03　우리는 매일 컴퓨터를 사용한다. (use)

➡ _____

04　James는 주말에 늦게 일어난다. (get up late)

➡ _____

05　나의 삼촌은 섬에서 사신다. (on an island)

➡ _____

A 다음 문장에서 알맞은 것을 고르시오.

01 She come comes back home at 3:30.

02 A jet plane fly flies very fast.

03 Mr. Smith teach teaches children at an elementary school.

04 I have has a four-leaf clover. It mean means good luck.

05 We eat eats dinner at 7. We watch watches TV after dinner.

B 다음 주어진 우리말과 일치하도록 빈칸에 알맞은 말을 쓰시오.

01 내 여동생은 매주 영화를 본다.

➡ My sister _____ movies every weekend.

02 그 집은 방 두 개와 부엌 한 개를 가지고 있다.

➡ The house _____ two rooms and a kitchen.

03 그는 매일 도서관에 간다. 그는 거기에서 열심히 공부한다.

➡ He _____ to the library every day. He _____ hard there.

C 다음 주어진 말을 이용하여 우리말을 영작하시오.

01 나는 너의 부모님을 안다. (know, your parents)

➡ _____

02 그 식당은 월요일에 문을 닫는다. (on Monday)

➡ _____

03 너의 할머니는 젊어 보이신다. (young)

➡ _____

04 그는 방과 후에 숙제를 한다. (after school)

➡ _____

UNIT
04 일반동사의 부정문과 의문문

Grammar Point

A 일반동사의 부정문

일반동사의 부정문은 do not (= don't)이나 does not (= doesn't)을 동사원형 앞에 쓴다. 주어가 3인칭
단수일 때는 does not (= doesn't)을, 그 외의 주어는 do not (= don't)을 쓴다.

	주어	do/does not	동사원형	해석
1인칭	I		know the teacher.	나는 그 선생님을 알지 못한다.
2인칭	You	do not (= don't)	look happy.	너는 행복해 보이지 않는다.
복수	We You They		like pizza. study hard. live in seoul.	우리는 피자를 좋아하지 않는다. 너희는 열심히 공부하지 않는다. 그들은 서울에 살지 않는다.
3인칭 단수	He She It Sam	does not (= doesn't)	know the teacher. look happy. like bananas. study hard.	그는 그 선생님을 알지 못한다. 그녀는 행복해 보이지 않는다. 그것은 바나나를 좋아하지 않는다. Sam은 열심히 공부하지 않는다.

⊕ Grammar Plus   He doesn't study hard. (O)   He don't study hard. (X)   He doesn't studies hard. (X)

B 일반동사의 의문문

일반동사의 의문문은 Do나 Does를 주어 앞에 쓰고, 주어 뒤에 동사원형을 쓰며, 맨 뒤에 물음표를 붙인다.
주어가 3인칭 단수일 때는 Does를 그 외의 주어는 Do를 쓴다.

Do/Does	주어	동사원형	해석	대답	
				긍정	부정
Do	I	look tall?	제가 키가 커 보이나요?	Yes, you do.	No, you don't.
	you	have a sister?	너는 여동생이 있니?	Yes, I do.	No, I don't.
	we you they	stay here? get up late? like bananas?	우리가 여기 머무나요? 너희는 늦게 일어나니? 그들은 바나나를 좋아하니?	Yes, you/we do. Yes, we do. Yes, they do.	No, you/we don't. No, we don't. No, they don't.
Does	he she it	have a sister? get up late? like bananas?	그는 여동생이 있니? 그녀는 늦게 일어나니? 그것은 바나나를 좋아하니?	Yes, he does. Yes, she does. Yes, it does.	No, he doesn't. No, she doesn't. No, it doesn't.

⊕ Grammar Plus   일반동사의 의문문에 대한 대답은 Yes/No로 하는데, Yes 뒤에는 「주어 + do/does」가 오고, No 뒤에는 「주어 +
don't/doesn't」가 온다.

A 다음 문장에서 알맞은 것을 고르시오.

01 She | don't | doesn't | play the drum very well.

02 They | don't | doesn't | have a house.

03 He doesn't | do | does | his homework.

04 | Do | Are | you go to school by bus?

05 I | am not | do not | teach English.

06 We | don't | doesn't | | feel | feels | happy today.

07 | Do | Does | the baby | cry | cries | at night?

08 | Do | Does | they | live | lives | in Busan?

09 | Do | Does | Jenny | help | helps | her mother?

10 | Does | Is | Mr. Brown | come | comes | from France?

11 | Do | Does | you know the singer? Yes, I | am | do | .

Grammar Guide
· 일반동사의 부정문은 do not/does not이 동사원형 앞에 온다.
· 일반동사의 의문문은 Do/Does가 주어 앞에 오고, 주어 뒤에 동사원형이 온다.

B 다음 보기에서 알맞은 것을 넣어 일반동사의 부정문 또는 의문문을 완성하시오.

01 We _____ not speak Spanish.

02 The library _____ not close at 5.

03 Mary _____ get up early in the morning.

04 The children _____ watch TV.

05 She _____ not answer the question.

06 _____ he surf the Internet? No, he _____.

07 _____ rabbits have long ears? Yes, they _____.

08 _____ they play ice hockey? No, they _____.

09 _____ you live with your parents? Yes, I _____.

10 _____ your aunt take vitamins every day? Yes, she _____.

보기
do
does
don't
doesn't

Grammar Practice II

A 다음 문장에서 밑줄 친 부분을 바르게 고쳐 쓰시오.

01 He don't go to the park every morning.   (➡ _____)

02 Penny doesn't has two cats.   (➡ _____)

03 It is not smell good.   (➡ _____)

04 My parents aren't live in a city.   (➡ _____)

05 You does not look happy.   (➡ _____)

06 Do your father work at a bank?   (➡ _____)

07 Are Jerry brush his teeth after meals?   (➡ _____)

08 Do you have a close friend? Yes, I am.   (➡ _____)

09 Does Kelly watches TV at home? No, she doesn't.   (➡ _____)

10 Is it snow in the desert? No, it isn't.   (➡ _____ , _____)

B 다음 주어진 문장을 지시대로 바꾸어 쓰시오.

01 He rides his bike on Sunday.

부정문 _____

02 She goes to bed at 9.

부정문 _____

03 We like pizza and spaghetti.

부정문 _____

04 The bird flies high in the sky.

의문문 _____

05 They live in a cave.

의문문 _____

06 The apple tastes good.

의문문 _____

A 다음 주어진 우리말과 일치하도록 빈칸에 알맞은 말을 쓰시오.

01 그는 수박을 좋아하지 않는다.

→ He _____ _____ watermelons.

02 나의 어머니는 갈색 눈을 가지고 있지 않다.

→ My mother _____ _____ brown eyes.

03 나는 밤에 음악을 듣지 않는다.

→ I _____ _____ to music at night.

04 그들은 방과 후에 농구를 하니?

→ _____ _____ _____ basketball after school?

05 그녀는 은행에서 일하니?

→ _____ _____ _____ at a bank?

B 다음 보기와 같이 주어진 단어를 사용하여 지시대로 문장을 만드시오.

| 보기 | he / look hungry | 부정문 | He does not (= doesn't) look hungry. |

01 I / clean my room

부정문 → _____

02 she / come from New Zealand

부정문 → _____

03 you / have a cellphone

의문문 → _____

04 it / live in the desert

의문문 → _____

05 your father / drive a car

의문문 → _____

Sentence Writing

A 다음 우리말과 일치하도록 주어진 단어를 올바르게 배열하시오.

01 그녀는 매운 음식을 좋아하지 않는다. (spicy food, does, like, she, not)

　➡ _____

02 그는 영어를 잘하지 못한다. (not, does, speak, well, he, English)

　➡ _____

03 네 여동생은 아침을 먹니? (breakfast, does, have, your sister, ?)

　➡ _____

04 올빼미는 밤에 사냥을 하니? (hunt, owls, at night, do, ?)

　➡ _____

B 다음 주어진 말을 이용하여 우리말을 영작하시오.

01 그것은 생선을 먹지 않는다. (eat, fish)

　➡ _____

02 나는 주말에 TV를 보지 않는다. (on weekends)

　➡ _____

03 우리는 거짓말을 하지 않는다. (tell lies)

　➡ _____

04 그것들은 날카로운 이빨을 가지고 있니? (sharp teeth) 응, 그래.

　➡ _____

05 Baker 씨는 프랑스어를 가르치니? (French) 아니, 그렇지 않아.

　➡ _____

A 다음 문장에서 알맞은 것을 고르시오.

01 My mother does | do not eat | eats meat.

02 We do | does not have | has homework today.

03 Do | Does the students write | writes letters?

04 Do | Are you feel good? Yes, I do | I am .

05 Do | Does the girl know the truth? No, she does | don't | doesn't .

B 다음 주어진 우리말과 일치하도록 빈칸에 알맞은 말을 쓰시오.

01 나의 조부모님은 침대에서 주무시지 않는다.

→ My grandparents _____ _____ in a bed.

02 그들은 스포츠를 좋아하니? 아니, 그렇지 않아.

→ _____ they _____ sports? No, _____ _____.

03 너의 아버지는 택시를 운전하시니? 응, 그래.

→ _____ your father _____ a taxi? Yes, _____ _____.

C 다음 주어진 말을 이용하여 우리말을 영작하시오.

01 우리는 많은 돈을 쓰지 않는다. (spend, much)

→ _____

02 그녀는 일요일에 외식을 하니? (eat out, on Sunday) 아니, 그렇지 않아.

→ _____

03 내 여동생은 수영을 잘하지 못한다. (well)

→ _____

04 너는 걸어서 학교에 가니? (on foot) 응, 그래.

→ _____

Actual Test

01 다음 빈칸에 들어갈 수 있는 것을 고르시오.

She _____ math hard every day.

① studys   ② doesn't studies   ③ studies
④ study   ⑤ don't study

[02-03] 다음 빈칸에 들어갈 수 <u>없는</u> 것을 고르시오.

02 Does _____ play online games?

① he   ② she   ③ the boy   ④ your sister   ⑤ you

03 _____ clean the house on weekend.

① He and she   ② They   ③ My parents   ④ My mother   ⑤ We

[04-05] 다음 빈칸에 알맞은 말이 바르게 짝지어진 것을 고르시오.

04 My parents _____ on Jeju Island, but I _____ in Seoul.

① live, lives   ② live, live   ③ lives, live
④ lives, lives   ⑤ doesn't live, don't live

05 Your mother _____ very well. My mother _____ well.

① cook, isn't cooks   ② cooks, isn't cook   ③ cooks, doesn't cooks
④ cook, doesn't cook   ⑤ cooks, doesn't cook

06 다음 대화의 빈칸에 들어갈 알맞은 것을 고르시오.

Ⓐ Do you know the teacher?   Ⓑ No, _____.

① I do   ② I don't   ③ I am not   ④ I am   ⑤ you don't

07 다음 중 올바른 문장을 고르시오.

① He plaies basketball after school.   ② Are you feel sick?
③ We aren't sell beer and wine.   ④ Does it have a long tail?
⑤ She doesn't plays the guitar.

08 다음 중 문장을 지시대로 바르게 바꾼 것을 고르시오.

① She works at a hotel. 부정문 → She doesn't works at a hotel.

② The museum doesn't open on Monday. 긍정문 → The museum open on Monday.

③ He watches a lot of movies. 의문문 → Does he watch a lot of movies?

④ They do their homework after school. 의문문 → Do they their homework after school?

⑤ James lives in an apartment. 부정문 → James isn't live in an apartment.

[09-11] 다음 우리말을 영작했을 때 밑줄 친 부분 중 틀린 것을 고르시오.

09 Smith 씨는 영어 선생님이다. 그는 중학교에서 영어를 가르친다.

→ Mr. Smith is an English teacher. He teachs English at a middle school.
    ①   ② ③   ④   ⑤

10 Sam은 버스를 타고 학교에 가지 않는다. 그는 걸어서 학교에 간다.

→ Sam does not goes to school by bus. He goes to school on foot.
     ①   ②   ③   ④   ⑤

11 Ann은 8시에 일어나니? 아니, 그렇지 않아. 그녀는 7시에 일어나.

→ Is Ann get up at 8? No, she doesn't. She gets up at 7.
 ①   ②   ③   ④   ⑤

12 다음 중 우리말을 올바르게 영작한 것이 아닌 것을 고르시오.

① 그는 오후에 테니스를 친다. → He plays tennis in the afternoon.

② 그녀는 이탈리아 음식을 좋아한다. → She likes Italian food.

③ 나의 삼촌은 차를 가지고 있지 않다. → My uncle doesn't has a car.

④ 너희는 아이스크림을 좋아하니? → Do you like ice cream?

⑤ 우리는 밤에 TV를 보지 않는다. → We don't watch TV at night.

13 다음 글을 읽고 빈칸에 주어진 동사의 현재형 형태를 쓰시오.

Today is Saturday. My sister and I _____ (not, go) to school. I usually

wake up late in the morning, and my sister _____ (wake) up late, too.

We _____ (eat) breakfast at 10. We often clean our rooms after breakfast.

My sister _____ (not, like) cleaning, so her room is a mess.

[14~15] 다음 주어진 우리말과 일치하도록 빈칸에 알맞은 말을 쓰시오.

14 그 토끼는 빨리 달리지 않는다. 그것은 천천히 걷는다.

→ The rabbit _____ _____ fast. It _____ slowly.

15 그 아기는 밤에 잘 자니? 아니, 그는 밤에 울어.

→ _____ the baby _____ well at night? No, he _____ at night.

[16~17] 다음 주어진 말을 이용하여 우리말을 영작하시오.

16 그는 주말마다 사진을 찍는다. (take pictures, every weekend)

→ _____

17 네 남동생은 매일 우유를 마시니? (drink) 응, 그래.

→ _____

[18~19] 다음 표를 보고 나(Kate)와 친구 Jane이 주말에 하는 일에 대한 글을 완성하시오.

	Saturday	Sunday
Kate	take a piano lesson not go to School	take a bath go to the movie theater
Jane	go Shopping with her friends not go to School	go to the movie theater not take a bath

18 Every Saturday, Jane and I _____ _____ to school.

I _____ a piano lesson. Jane _____ shopping with her friends.

19 Every Sunday, I _____ a bath. But Jane _____ _____ a bath.

She and I _____ to the movie theater together.

Chapter 03 현재진행형

✔ 영작 Key Point

현재진행형	현재진행형의 부정문	현재진행형의 의문문
I am + 동사원형-ing	I am not + 동사원형-ing	Am I + 동사원형-ing ~?
You/We/They are + 동사원형-ing	You/We/They are not + 동사원형-ing	Are you/we/they + 동사원형-ing ~?
He/She/It is + 동사원형-ing	He/She/It is not + 동사원형-ing	Is he/she/it + 동사원형-ing ~?

UNIT 05 현재진행형 시제

A 현재진행형의 의미와 형태

현재진행형은 지금 진행 중인 동작을 나타낼 때 쓰는 것으로, 「be동사(am/are/is) + 동사원형-ing」의
형태이며, '~하고 있다, ~하고 있는 중이다'라고 해석한다.

주어	be동사 + 동사원형-ing	예문
I	am + 동사원형-ing	I am dancing. 나는 춤을 추고 있다.
You	are + 동사원형-ing	You are sleeping. 너는 잠을 자고 있다.
He She It	is + 동사원형-ing	He is singing. 그는 노래를 하고 있다. She is skiing. 그녀는 스키를 타고 있다. It is raining. 비가 오고 있다.
You We They	are + 동사원형-ing	You are swimming. 너희는 수영하고 있다. We are playing. 우리는 놀고 있다. They are flying. 그것들은 날고 있다.

◆ Grammar Plus　상태를 나타내는 동사(have, know, like, love)는 보통 진행형으로 쓰지 않지만, 동작을 나타낼 경우 진행형이
　　　　　　　　 가능하다.
　　　　　　　　 We have a house. (O)　 We are having a house. (X)　 We are having pizza now. (O)

B 동사원형에 -ing 붙이는 법

대부분의 동사	동사원형에 -ing를 붙인다.	eat → eating, sing → singing
-e로 끝나는 동사	e를 빼고 -ing를 붙인다.	live → living, come → coming
-ie로 끝나는 동사	ie를 y로 고치고 -ing를 붙인다.	die → dying, lie → lying
'단모음 + 단자음'으로 끝나는 동사	끝 자음을 한 번 더 쓰고 -ing를 붙인다.	swim → swimming, sit → sitting, run → running

C 현재형과 현재진행형 시제 비교

현재형	현재 반복되는 동작이나 습관을 나타낼 때	He plays the piano every day.
현재진행형	지금 진행 중인 동작을 나타낼 때	He is playing the piano now.

◆ Grammar Plus　현재진행형 시제는 주로 now, at the moment와 함께 쓴다.

A 다음 문장에서 알맞은 것을 고르시오.

01 I is taking am taking a shower now.

02 They are playing are play baseball.

03 She has is having dinner now.

04 He is stoping stopping the car.

05 You are make making a chocolate cake.

06 We have are having two dogs.

07 It is rains raining outside now.

08 The plants are dying dieing now.

09 The player is drinking drinks some water now.

10 Jenny is washes washing the dishes at the moment.

B 다음 괄호 안의 동사를 빈칸에 알맞은 현재진행형 형태로 바꾸어 쓰시오.

01 He _____ math now. (study)

02 We _____ the house now. (clean)

03 She _____ her bicycle now. (ride)

04 They _____ in the pool. (swim)

05 I have a dog. It _____ with a ball. (play)

06 Listen! The children _____ a song. (sing)

07 The cat _____ on the floor. (lie)

08 Karen and Chris _____ a movie. (watch)

09 Ms. Anderson _____ an email. (write)

10 An eagle _____ in the sky. (fly)

11 My father _____ down a big tree. (cut)

12 I _____ my homework at the moment. (do)

> **Grammar Guide**
>
> 현재진행형은 「be동사 + 동사원형-ing」의 형태이다. be동사는 주어에 따라 달라진다.
> · I → am + 동사원형-ing
> · you/we/they → are + 동사원형-ing
> · he/she/it → is + 동사원형-ing

A 다음 문장에서 밑줄 친 부분을 바르게 고쳐 쓰시오.

01 They are cleanning the house now.   (➡ _____)

02 Mary always is doing the dishes after meals.   (➡ _____)

03 He is liking pizza and spaghetti.   (➡ _____)

04 I are lieing on the sofa now.   (➡ _____)

05 Look! She playing the violin now.   (➡ _____)

06 He and she are drinking coffee once a day.   (➡ _____)

07 Watch out! A car comes here now.   (➡ _____)

08 A giraffe is having a long neck.   (➡ _____)

09 The horses running in the field now.   (➡ _____)

10 The kangaroo are jumping now.   (➡ _____)

B 다음 주어진 동사를 이용하여 현재형이나 현재진행형 문장으로 쓰시오.

01 He _____ his homework every night. (do)

02 Susan _____ her homework now. (do)

03 She _____ a sandwich for lunch now. (have)

04 The actress _____ blonde hair. (have)

05 I _____ to school on foot now. (go)

06 My father _____ to work by car every day. (go)

07 The birds _____ in the tree every day. (sing)

08 Listen! The birds _____ over there. (sing)

09 We _____ to music at the moment. (listen)

10 My mother _____ to the radio every day. (listen)

11 The salesman _____ to us now. (lie)

12 My brother _____ to me every day. (lie)

> **Grammar Guide**
> - 현재형은 반복되는 동작이나 습관을 나타낼 때, 현재진행형은 지금 진행 중인 동작을 나타낼 때 쓴다.
> - 상태를 나타내는 동사는 보통 진행형으로 쓰지 않지만, 동작을 의미할 경우 진행형이 가능하다.

A 다음 주어진 우리말과 일치하도록 빈칸에 알맞은 말을 쓰시오.

01 그는 지금 운전을 하고 있는 중이다.

→ He _____ _____ a car at the moment.

02 우리는 지금 큰 도시에서 살고 있다.

→ We _____ _____ in a big city now.

03 나는 지금 공원 벤치에 앉아 있다.

→ I _____ _____ on a bench in the park now.

04 지금 밖에는 눈이 오고 있다.

→ It _____ _____ outside at the moment.

05 그는 지금 학교에서 스페인어를 배우고 있는 중이다.

→ He _____ _____ Spanish at school now.

B 다음 보기와 같이 주어진 단어로 현재진행형 문장을 만드시오.

보기 he / eat lunch with his parents → _He is eating lunch with his parents._

01 they / draw pictures now → _____

02 a fish / swim in the fishbowl → _____

03 I / wash my face now → _____

04 Amy / take a piano lesson → _____

05 the flowers / die now → _____

06 your parents / come home now → _____

07 we / have spaghetti now → _____

08 she / comb her hair now → _____

Sentence Writing

Writing Guide

· 주어가 I일 때 현재진행형은 「am + 동사원형-ing」를 쓴다.　　→　I am cooking.
· 주어가 you/we/they일 때 현재진행형은 「are + 동사원형-ing」를 쓴다.　→　They are playing soccer.
· 주어가 he/she/it일 때 현재진행형은 「is + 동사원형-ing」를 쓴다.　→　It is sleeping.

A 다음 우리말과 일치하도록 주어진 단어를 올바르게 배열하시오.

01 그녀는 지금 할머니를 돕고 있는 중이다. (grandmother, she, her, now, helping, is)

➡ _____

02 너의 어머니는 팬 케이크를 굽고 계신다. (is, pancakes, making, your mother)

➡ _____

03 그 나뭇잎들은 지금 빨간색으로 변하고 있다. (turning, at the moment, the leaves, are, red)

➡ _____

04 나는 지금 잔디 위에 누워 있다. (am, on the grass, I, at the moment, lying)

➡ _____

B 다음 주어진 말을 이용하여 우리말을 영작하시오.

01 나는 숙제를 하고 있는 중이다. (my homework)

➡ _____

02 Penny는 지금 빨간색 드레스를 입고 있다. (wear, at the moment)

➡ _____

03 그들은 거리에서 아이스크림을 먹고 있다. (eat, on the street)

➡ _____

04 우리는 시골에서 살고 있다. (in the country)

➡ _____

05 그 사자들은 들판을 달리고 있다. (in the field)

➡ _____

A 다음 문장에서 알맞은 것을 고르시오.

01 She is feeding feeding her cat at the moment.

02 He has is having two houses.

03 Look! A puppy is swimming swims in the lake now.

04 Her parents are takeing taking a trip to Europe now.

05 Ms. Baker loves is loving flowers and trees.

B 다음 주어진 우리말과 일치하도록 빈칸에 알맞은 말을 쓰시오.

01 나는 피자를 좋아한다. 나는 지금 피자를 먹고 있다.

→ I _____ pizza. I _____ _____ pizza now.

02 우리는 지금 스키를 타고 있는 중이다.

→ We _____ _____ at the moment.

03 그들은 서로를 안다. 그들은 전화통화를 하고 있다.

→ They _____ each other. They _____ _____ on the phone.

C 다음 주어진 말을 이용하여 우리말을 영작하시오.

01 그는 소파에 앉아 있다. (on the sofa)

→ _____

02 우리는 지금 스케이트를 타고 있는 중이다. (skate, at the moment)

→ _____

03 나는 도서관에서 잡지를 읽고 있다. (magazine, in the library)

→ _____

04 네 친구는 지금 거짓말을 하고 있다. (lie, at the moment)

→ _____

UNIT 06 현재진행형의 부정문과 의문문

A 현재진행형의 부정문

현재진행형의 부정문은 be동사(am/are/is)와 동사원형-ing 사이에 not을 쓰고, '~하고 있지 않다'라고 해석한다.

주어	be동사 + not + 동사원형-ing	예문
I	am not + 동사원형-ing	I am not dancing. 나는 춤을 추고 있지 않다.
You	are not + 동사원형-ing	You are not sleeping. 너는 잠을 자고 있지 않다.
He She It	is not + 동사원형-ing	He is not singing. 그는 노래하고 있지 않다. She is not skiing. 그녀는 스키를 타고 있지 않다. It is not raining. 비가 오고 있지 않다.
You We They	are not + 동사원형-ing	You are not swimming. 너희는 수영하고 있지 않다. We are not playing. 우리는 놀고 있지 않다. They are not flying. 그것들은 날고 있지 않다.

B 현재진행형의 의문문

현재진행형의 의문문은 be동사와 주어의 위치를 바꾸고, 맨 뒤에 물음표를 붙인다. 현재진행형의 의문문은 '~하고 있습니까?'라고 해석하며, 대답은 Yes/No로 한다.

be동사	주어	동사원형-ing	해석	대답 긍정	대답 부정
Am	I	dancing?	제가 춤을 추고 있나요?	Yes, you are.	No, you aren't.
Are	you	sleeping?	너는 잠을 자고 있니?	Yes, I am.	No, I'm not.
Is	he she it	skiing? skating? flying?	그는 스키를 타고 있니? 그녀는 스케이트를 타고 있니? 그것은 날고 있니?	Yes, he is. Yes, she is. Yes, it is.	No, he isn't. No, she isn't. No, it isn't.
Are	we you they	cooking? jogging? swimming?	우리는 요리를 하고 있나요? 너희들은 조깅을 하고 있니? 그들은 수영하고 있니?	Yes, you/we are. Yes, we are. Yes, they are.	No, you/we aren't. No, we aren't. No, they aren't.

A 다음 문장에서 알맞은 것을 고르시오.

01 I don't am not washing the dishes now.

02 They aren't help aren't helping poor people now.

03 She isn't doesn't painting a picture now.

04 He is not read reading a magazine at the moment.

05 Do Are you riding your bike now?

06 Does he have having a sister?

07 Are we go going to the party now?

08 Are Is your father watering the plants?

09 Does Is Jenny playing the flute? Yes, she is does .

10 Do Are the children swimming in the pool? No, they aren't don't .

B 다음 괄호 안의 말을 이용하여 현재진행형의 부정문 또는 의문문을 완성하시오.

01 She _____ her teeth now. (not brush)

02 I _____ the flute now. (not practice)

03 The tree _____ now. (not die)

04 We _____ a birthday party. (not have)

05 The kittens _____ on the floor. (not lie)

06 My brother _____ now. (not jog)

07 _____ they _____ to Seoul now? (move)

08 _____ it _____ here now? (come)

09 _____ Ms. Anderson _____ on the sofa? (sit)

10 _____ I _____ now? (sleep)

11 _____ your sister _____ on the stage? (dance)

12 _____ you _____ on the playground? (run)

Grammar Guide
· 현재진행형의 부정문은 be동사 뒤에 not을 쓴다.
· 현재진행형의 의문문은 be동사가 주어 앞에 온다.

A 다음 문장에서 밑줄 친 부분을 바르게 고쳐 쓰시오.

01 I am not <u>wear</u> a skirt. (➡ _____)

02 The girl <u>is waiting not</u> for her mother. (➡ _____)

03 <u>Does she having</u> a backpack? (➡ _____)

04 The monkey <u>doesn't eating</u> a banana now. (➡ _____)

05 Are he and she <u>sit</u> on the sofa now? (➡ _____)

06 <u>Are</u> your sister swimming now? (➡ _____)

07 They <u>not baking</u> a cake now. (➡ _____)

08 <u>Does she planning</u> a party now? (➡ _____)

09 Is Jenny <u>buy</u> a birthday gift? No, she isn't. (➡ _____)

10 <u>Do</u> you watching the news on TV? Yes, I <u>do</u>. (➡ _____ , _____)

B 다음 주어진 문장을 지시대로 바꾸어 쓰시오.

01 She is listening to music now.

➡ _____

02 We are having a good time now.

➡ _____

03 I am studying math at home.

➡ _____

04 The girl is writing a letter now.

➡ _____

05 They are lying on the beach.

➡ _____

06 His parents are climbing up the mountain.

➡ _____

A 다음 주어진 우리말과 일치하도록 빈칸에 알맞은 말을 쓰시오.

01 그녀는 지금 바다에서 수영하고 있지 않다.

➡ She _____ _____ _____ in the sea now.

02 나는 강을 따라 자전거를 타고 있지 않다.

➡ I _____ _____ _____ my bike along the river.

03 그들은 거실에서 책을 읽고 있니?

➡ _____ they _____ books in the living room?

04 John은 열쇠를 찾고 있니? 응, 그래.

➡ _____ John _____ for a key? Yes, he _____.

05 너는 내 컴퓨터를 사용하고 있니? 아니, 그렇지 않아.

➡ _____ you _____ my computer? No, I'm _____.

B 다음 보기와 같이 주어진 단어와 현재진행형을 사용하여 지시대로 문장을 만드시오.

보기 he / clean the house   He is not cleaning the house.

01 I / wear glasses now

➡ _____

02 they / win the game now

➡ _____

03 your mother / wash the dishes now

➡ _____

04 she / sit next to me

➡ _____

05 you / come home now

➡ _____

Sentence Writing

· 현재진행형의 부정문은 「주어 + am/are/is + not + 동사원형-ing」 순으로 쓴다.　　→　**She** is not sleeping.
· 현재진행형의 의문문은 「Am/Are/Is + 주어 + 동사원형-ing ~?」 순으로 쓴다.　　→　Is **she** sleeping?

A 다음 우리말과 일치하도록 주어진 단어를 올바르게 배열하시오.

01 그 아기는 지금 울고 있지 않다. (not, the baby, crying, at the moment, is)

➡ _____

02 그 채소들은 지금 죽어가고 있지 않다. (dying, are, not, the vegetables, now)

➡ _____

03 Penny는 지금 가방을 사고 있니? (is, now, Penny, buying, a bag, ?)

➡ _____

04 그들이 지금 나를 보고 있니? (looking at, they, me, at the moment, are, ?)

➡ _____

B 다음 주어진 말을 이용하여 우리말을 영작하시오.

01 너의 아버지는 지금 침대에 누워 계시니? (lie, on the bed)

➡ _____

02 그녀는 공원에서 조깅을 하고 있니? (at the park)

➡ _____

03 그들은 프랑스어를 말하고 있지 않다. (French)

➡ _____

04 너의 어머니는 파티를 계획하고 계시니? (plan a party)

➡ _____

05 나는 목욕을 하고 있지 않다. (take a bath)

➡ _____

A 다음 문장에서 알맞은 것을 고르시오.

01 She isn't | doesn't taking a picture now.

02 We aren't have | aren't having lunch now.

03 They don't have | aren't having a daughter.

04 Do | Are you listening to music? Yes, I am | do .

05 Are | Is your sister hiking now? No, she isn't | aren't .

B 다음 우리말과 일치하도록 빈칸에 알맞은 말을 쓰시오.

01 그 장미꽃들은 지금 죽어가고 있지 않다.

→ The roses _____ _____ _____ at the moment.

02 그들은 지금 스케이트를 타고 있니? 응, 그래.

→ _____ they _____ now? Yes, they _____.

03 Kate는 지금 노래하며 춤추고 있지 않다.

→ Kate _____ _____ and _____ now.

C 다음 주어진 말을 이용하여 우리말을 영작하시오.

01 그는 자동차를 수리하고 있지 않다. (fix)

→ _____

02 너는 질문을 하고 있는 중이니? (ask a question) 응, 그래.

→ _____

03 그들은 리조트에서 스키를 타고 있지 않다. (at the resort)

→ _____

04 네 여동생은 지금 말을 타고 있니? (ride a horse) 아니, 그렇지 않아.

→ _____

Actual Test

[01~04] 다음 빈칸에 들어갈 수 있는 것을 고르시오.

01 She _____ at the moment.

① skates   ② skate   ③ is skate   ④ skating   ⑤ is skating

02 They _____ math now.

① don't studying   ② not studying   ③ aren't studying
④ aren't studing   ⑤ don't study

03 _____ your mother baking cookies?

① Does   ② Do   ③ Are   ④ Am   ⑤ Is

04 Are the students _____ the classroom now?

① clean   ② cleanning   ③ cleans   ④ cleaning   ⑤ cleaned

05 **다음 빈칸에 알맞은 말이 바르게 짝지어진 것을 고르시오.**

· Jenny _____ her hair every day.
· Tim _____ his hair now.

① washes, is washing   ② is washing, is washing   ③ washes, washes
④ washes, washing   ⑤ wash, is washing

[06~07] 다음 대화의 빈칸에 들어갈 알맞은 것을 고르시오.

06 Ⓐ _____ they playing baseball now?   Ⓑ No, they _____.

① Do, don't   ② Are, are   ③ Do, aren't   ④ Are, don't   ⑤ Are, aren't

07 Ⓐ Are you doing your homework?   Ⓑ No, _____.

① you aren't   ② I am not   ③ I don't   ④ I do   ⑤ I am

08 다음 중 올바른 문장을 고르시오.

① He doesn't flying a kite now.　　② Are they feeding the bird now?
③ She is liking ice cream.　　④ I am not lieing on the bed.
⑤ We are having breakfast every day.

09 다음 중 올바른 문장이 <u>아닌</u> 것을 <u>두 개</u> 고르시오.

① She isn't learn Spanish now.　　② He is chatting with his friend.
③ Do they having dinner now?　　④ I am not studying English now.
⑤ Is your father reading the newspaper?

10 다음 중 문장을 지시대로 바르게 바꾼 것을 고르시오.

① She sits in the chair. [현재진행형]→ She is siting in the chair.
② The sun shines. [현재진행형]→ The sun is shining.
③ I do my homework. [현재진행형]→ I doing my homework.
④ He is writing an email. [부정문]→ He doesn't writing an email.
⑤ They are drinking coffee. [의문문]→ Are they drink coffee?

[11-12] 다음 우리말을 영작했을 때 밑줄 친 부분 중 <u>틀린</u> 것을 고르시오.

11 Jenny는 지금 노래를 부르고 있다. 우리는 그 노래에 맞춰 춤을 추고 있다.

→ Jenny <u>is</u> <u>sing</u> a song <u>now</u>. We <u>are</u> <u>dancing</u> to the song.
　　①　②　　　③　　　④　　⑤

12 너는 수영하고 있니? 아니, 그렇지 않아. 나는 자전거를 타고 있어.

→ <u>Does</u> you <u>swimming</u>? No, <u>I'm</u> not. I <u>am</u> <u>riding</u> my bike.
　①　　　②　　　③　　④　⑤

13 다음 중 우리말을 올바르게 영작한 것이 <u>아닌</u> 것을 고르시오.

① 나는 야구를 하고 있지 않다. → I am not playing baseball.
② 우리는 도서관에서 공부를 하고 있다. → We are studying in the library.
③ 그와 그녀는 아침을 먹고 있는 중이다. → He and she eat breakfast.
④ 너는 설거지를 하고 있니? → Are you doing the dishes?
⑤ 그것은 소파에 누워 있니? → Is it lying on the sofa?

14 다음 글을 읽고 빈칸에 주어진 동사의 현재진행형 형태를 쓰시오.

Today is Saturday. The sun _____ (shine) outside. My sister and I _____ (clean) the house now. My brother _____ (not clean) the house. He _____ (watch) a soccer game on TV. My mother _____ (cook) lunch. My father _____ (water) the trees and flowers now.

[15-17] 다음 주어진 말을 이용하여 우리말을 영작하시오.

15 그는 소풍을 가는 중이 아니다. (go on a picnic)

➡ _____

16 나의 할머니는 지금 뜨개질을 하고 계신다. (knit, at the moment)

➡ _____

17 그 학생들은 시험을 보고 있니? (take an exam) 응, 그래.

➡ _____

[18-20] 다음 표를 보고 나(Kate)와 친구들이 하고 있는 일에 대한 글을 완성하시오.

Kate	Amy	Tim and Jenny
lie on the bed not sleep	do the dishes not write an email	not swim jog

18 I _____ _____ on the bed now. But I _____ _____ _____.

19 Amy _____ _____ the dishes. She _____ _____ an email.

20 _____ Tim and Jenny _____? No, _____ _____.

They _____ _____.

Chapter 04 명사

✔ 영작 Key Point

셀 수 있는 명사	단수형	a + 자음	a bike, a school
		an + 모음(a, e, i, o, u)	an apple, an orange
	복수형	셀 수 있는 명사-(e)s	desks, classes
	항상 복수형	jeans, shoes, gloves 등	a pair of jeans/shoes/gloves
셀 수 없는 명사	단수 취급	추상명사, 고유명사, 물질명사	friendship, Korea, milk
		단위 명사로 수량 표현	a cup of coffee → two cups of coffee

UNIT 07 셀 수 있는 명사

명사란 사람, 사물, 또는 장소 등의 이름을 나타내는 말로, 영어에는 셀 수 있는 명사와 셀 수 없는 명사가 있다. 셀 수 있는 명사는 단수 혹은 복수의 형태로 사용된다.

A 단수명사

단수명사는 '하나'를 의미하며 앞에 a나 an을 쓴다. 자음으로 발음되는 단어 앞에는 a를, 모음으로 발음되는 단어 앞에는 an을 쓴다.

a + 자음	a cup, a pear, a woman, a violin, a zoo, a university
an + 모음(a, e, i, o, u)	an ant, an eagle, an igloo, an opera, an umpire, an hour

➔ Grammar Plus university는 철자가 모음(u)으로 시작하지만 자음으로 발음되어 a를 쓰고, hour는 철자가 자음(h)으로 시작하지만 모음으로 발음되어 an을 쓴다.

B 복수명사

복수명사는 둘 이상의 사람 또는 사물을 나타내며, 보통 명사 뒤에 -(e)s를 붙여 복수형을 만들지만 명사에 따라 조금씩 다르다.

대부분의 명사	명사 뒤에 -s를 붙인다.	pen → pens, orange → oranges
-s, -ss, -sh, -ch, -x, -o로 끝나는 명사	명사 뒤에 -es를 붙인다.	bus → buses, dish → dishes, watch → watches, fox → foxes, potato → potatoes
'자음 + -y'로 끝나는 명사	y를 i로 바꾸고 -es를 붙인다.	country → countries, baby → babies
'모음 + -y'로 끝나는 명사	명사 뒤에 -s를 붙인다.	boy → boys, day → days
-f, -fe로 끝나는 명사	f, fe를 v로 바꾸고 -es를 붙인다.	knife → knives, leaf → leaves
단수 = 복수인 명사	–	sheep, deer, fish
불규칙하게 변하는 명사	–	man → men, tooth → teeth, child → children, ox → oxen, foot → feet, goose → geese

C 항상 복수형인 명사

짝을 이루는 명사로 문장에서 항상 복수형으로 사용되며, a pair of를 사용하여 수를 센다.

a pair of	shoes, socks, trousers, pants, gloves, shorts, jeans, glasses, scissors

➔ Grammar Plus a pair of shoes 신발 한 켤레 → two pairs of shoes 신발 두 켤레

A 다음 문장에서 알맞은 것을 고르시오.

01 They have a an cute dog.

02 He is a an honest man.

03   A An giraffe has a long neck.

04 James wants a an MP3 player.

05 The cook is cutting a an onion.

06 She isn't a an university student.

07 I am watching a an ant.

08 Do you live in a an city?

09 The trip takes a an hour by bus.

10 He doesn't want a an hamburger for lunch.

11 Is she a an opera singer?

> **Grammar Guide**
>
> · 자음으로 발음되는 단어 앞에는 a를, 모음으로 발음되는 단어 앞에는 an을 쓴다.
> · 철자가 모음으로 시작해도 자음으로 발음되면 a를 쓰고, 철자가 자음으로 시작해도 모음으로 발음되면 an을 쓴다.

B 다음 괄호 안의 주어진 명사를 복수형으로 바꾸어 쓰시오.

01 Ten _____ are running away. (mouse)

02 A lot of _____ are crying. (baby)

03 The two _____ aren't sharp. (knife)

04 Does the baby have two _____? (tooth)

05 September has thirty _____. (day)

06 She is washing three _____. (potato)

07 The farmer has twenty _____ on his farm. (sheep)

08 Do you need six _____? (box)

09 Is the fisherman catching a lot of _____? (fish)

10 They play three _____ at the concert. (piano)

11 Two _____ are on the table. (apple)

> **Grammar Guide**
>
> · 복수형을 만들 때 예외가 되는 단어가 있다.
> piano → pianos, photo → photos
> · 어떤 명사들은 단수와 복수의 형태가 같다.
> a fish → two fish

A 다음 보기와 같이 우리말과 일치하도록 빈칸에 알맞은 말을 쓰시오.

> 보기 나는 바지 한 벌이 필요하다.
>
> → I need a pair of trousers.

01 그는 장갑 네 벌을 가지고 있지 않다.

→ He doesn't have _____ _____ of _____.

02 John은 청바지 다섯 벌을 원한다.

→ John wants _____ _____ of _____.

03 그들은 가위 세 벌을 가지고 있니?

→ Do they have _____ _____ of _____?

B 다음 주어진 단어를 이용하여 단수형 문장을 복수형 문장으로 바꾸어 쓰시오.

01 She is making a sandwich for dinner. (three)

→ _____

02 Does she have a piano at home? (two)

→ _____

03 He is visiting a big city in Spain. (many)

→ _____

04 They need a pair of shorts. (six)

→ _____

05 She has a knife in the kitchen. (four)

→ _____

06 The monster has a foot. (five)

→ _____

A 다음 주어진 우리말과 일치하도록 빈칸에 알맞은 말을 쓰시오.

01 그들은 이글루에서 산다.

→ They live in _____ igloo.

02 나비는 여섯 개의 다리를 가지고 있다.

→ _____ butterfly has _____ _____.

03 물고기 세 마리가 어항에서 헤엄치고 있다.

→ _____ _____ are swimming in the fish tank.

04 다섯 사람이 방에서 이야기를 하고 있다.

→ _____ _____ are talking in the room.

05 너는 양말 다섯 켤레가 필요하니?

→ Do you need _____ _____ of _____?

B 다음 문장의 틀린 부분을 바르게 고쳐 문장을 다시 쓰시오.

01 Six child are very tall. 여섯 명의 아이들은 키가 매우 크다.

→ _____

02 Hawaii is an beautiful island. 하와이는 아름다운 섬이다.

→ _____

03 The boy has a lot of toies. 그 소년은 장난감이 많다.

→ _____

04 A lot of heros are in the story. 그 이야기에는 많은 영웅들이 나온다.

→ _____

05 Are you looking for two pair of shoes? 너는 신발 두 켤레를 찾고 있니?

→ _____

Sentence Writing

Writing Guide

- 셀 수 있는 명사가 하나일 때 명사 앞에 a/an을 쓴다.   →   a **book**, an **apple**
- 셀 수 있는 명사가 둘 이상일 때 명사 뒤에 -(e)s를 붙인다.   →   **pen**s, **bus**es
- 짝을 이루는 명사는 항상 복수형으로 쓰고, 수를 셀 때 a pair of를 쓴다.   →   **two pairs of** shoes

A 다음 우리말과 일치하도록 주어진 단어를 올바르게 배열하시오.

01 우리 안에 있는 늑대 세 마리를 보아라. (in the cage, look, the, wolves, at, three)

➡ _____

02 노인 부부가 예쁜 집에 산다. (pretty, old couple, in, a, lives, house, an)

➡ _____

03 Danny는 안경 하나를 끼고 있다. (glasses, wearing, a pair of, Danny, is)

➡ _____

04 Kate는 대학생이니? (university, is, a, Kate, student, ?)

➡ _____

B 다음 주어진 말을 이용하여 우리말을 영작하시오.

01 기린은 동물이니?

➡ _____

02 신발 두 켤레는 지저분하지 않다. (dirty)

➡ _____

03 나는 아침에 달걀 한 개와 토마토 두 개를 먹는다. (in the morning)

➡ _____

04 많은 나뭇잎들이 떨어지고 있다. (a lot of, fall)

➡ _____

05 고양이 한 마리가 쥐 세 마리를 쫓아가고 있다. (chase)

➡ _____

A 다음 문장의 틀린 부분에 밑줄을 긋고 바르게 고쳐 쓰시오.

01 An big chair is over there. 큰 의자 하나가 저쪽에 있다.　　　(➡ _____)

02 Do you have a umbrella? 너는 우산을 가지고 있니?　　　(➡ _____)

03 December has thirty-one day. 12월은 31일이 있다.　　　(➡ _____)

04 Two buss are at the bus stop. 버스 두 대가 정류장에 있다.　　　(➡ _____)

05 She has two pair of pants. 그녀는 바지 두 벌을 가지고 있다.　　　(➡ _____)

B 다음 주어진 우리말과 일치하도록 빈칸에 알맞은 말을 쓰시오.

01 나비는 곤충이니?

➡ Is _____ butterfly _____ insect?

02 다섯 명의 소년들이 야구를 하고 있다.

➡ _____ _____ are playing baseball.

03 그 농부는 황소 두 마리와 거위 열 마리를 가지고 있다.

➡ The farmer has _____ _____ and _____ _____.

C 다음 주어진 말을 이용하여 우리말을 영작하시오.

01 나는 상자 세 개와 칼 두 개가 필요하다. (need)

➡ _____

02 그는 매일 많은 물고기를 잡는다. (catch, a lot of)

➡ _____

03 어른은 32개의 치아를 가지고 있다. (adult)

➡ _____

04 그는 양말 한 켤레를 사고 있다. (buy)

➡ _____

UNIT
08 **셀 수 없는 명사**

Grammar Point

A 셀 수 없는 명사의 종류

셀 수 없는 명사에는 추상명사, 고유명사, 물질명사가 있다. 셀 수 없는 명사는 항상 단수 취급하지만 a나 an과 함께 쓸 수 없다.

추상명사	눈에 보이지 않는 감정, 개념 등을 나타내는 명사 **EX** love, friendship, help, happiness, beauty, wisdom, advice, information
고유명사	사람, 강, 산 등의 이름이나 지명, 월, 요일 등 **EX** Tom, Mt. Everest, Korea, New York, July, Monday
물질명사	일정한 모양과 크기가 없는 재료, 물질 등을 나타내는 명사 **EX** water, milk, coffee, tea, juice, cheese, paper, salt, sugar, money, air

➡ **Grammar Plus** 영어에서 money는 셀 수 없는 명사로 취급하며, 돈을 셀 경우 won, dollar 등의 화폐 단위를 사용한다.

B 셀 수 없는 명사의 수량 표현

셀 수 없는 명사는 모양이나 담는 그릇(glass, cup) 등을 단위로 수를 세는데, 복수형으로 쓰고자 할 때는 단위 명사를 복수형으로 바꾸어 쓴다.

단위 명사		명사
단수	**복수**	
a glass of 한 잔의	two (three ...) glasses of 두 잔의	milk, water, juice
a cup of 한 잔의	two (three ...) cups of 두 잔의	coffee, tea, water
a bottle of 한 병의	two (three ...) bottles of 두 병의	juice, milk, water, wine, beer
a piece of 한 조각의(마디의)	two (three ...) pieces of 두 조각의(마디의)	cake, cheese, pizza, paper, advice, information
a loaf of 한 덩어리의	two (three ...) loaves of 두 덩어리의	bread
a bar of (막대 모양) 한 개의	two (three ...) bars of (막대 모양) 두 개의	soap, chocolate
a bowl of 한 그릇의	two (three ...) bowls of 두 그릇의	rice, soup

➡ **Grammar Plus** two glasses of milk (O) two glass of milk (X) two glasses of milks (X)

A 다음 문장에서 알맞은 것을 고르시오.

01 My sister likes   milks | milk   and   a cheese | cheese   .

02 We need useful   information | informations   .

03   Seoul | A Seoul   is a beautiful city.

04 They work for   peace | a peace | peaces   .

05 He drinks   water | a water   in the morning.

06 The old man has   wisdom | wisdoms   .

07   Salt | A salt   is not good for health.

08 She is learning   an English | English   .

09 We don't have   money | moneys   .

10 She needs   help | helps   .

11 The baker is making some   bread | breads   .

12 Koreans eat   rice | a rice   every day.

> **Grammar Guide**
> • 셀 수 없는 명사는 복수형으로 만들 수 없고, 단수 취급하지만 a나 an을 쓸 수 없다.
> • money는 셀 수 없는 명사이다.

B 다음 문장에서 알맞은 수량 표현을 고르시오.

01 Do you have   a piece of | a bottle of   water?

02 She drinks   a glass of | a loaf of   apple juice in the morning.

03 Does she want   a bar of | a cup of   coffee?

04 They are baking   a loaf of | a bar of   bread.

05 I eat   a bar of | a glass of   chocolate for dessert.

06 She wants   a pair of | a bowl of   tomato soup.

07 He is buying   a piece of | a bottle of   wine.

08 Is she having   a piece of | a glass of   cake?

A 다음 보기와 같이 우리말과 일치하도록 빈칸에 알맞은 말을 쓰시오.

> 보기 그는 매일 커피 세 잔을 마신다.
> → He drinks <u>three</u> <u>cups</u> of <u>coffee</u> every day.

Grammar Guide
셀 수 없는 명사는 단위 명사를 사용하여 수를 세고, 복수형으로 쓸 때는 단위 명사를 복수형으로 바꾼다.

01 너는 종이 열 장을 가지고 있니?

→ Do you have _____ _____ of _____?

02 그녀는 매일 빵 다섯 덩어리를 굽는다.

→ She bakes _____ _____ of _____ every day.

03 나는 하루에 우유 두 잔을 마신다.

→ I drink _____ _____ of _____ a day.

B 다음 문장에서 밑줄 친 부분을 바르게 고쳐 쓰시오.

01 He has three bars of <u>soaps</u>.　　　　　　　(→ _____)

02 She drinks a <u>bottle</u> of coffee every morning.　(→ _____)

03 We have a lot of <u>homeworks</u>.　　　　　　(→ _____)

04 <u>A Mt. Everest</u> is very high.　　　　　　　(→ _____)

05 Do you have some <u>moneys</u>?　　　　　　　(→ _____)

06 All plants need <u>a water</u> and air.　　　　　(→ _____)

07 They need some <u>advices</u>.　　　　　　　　(→ _____)

08 Could you pass me the <u>salts</u>?　　　　　　(→ _____)

09 <u>A time</u> is very important.　　　　　　　　(→ _____)

10 Everyone likes <u>a Saturday</u>.　　　　　　　(→ _____)

11 I eat two <u>bowl</u> of rice for breakfast.　　　(→ _____)

12 <u>A New York</u> is in the USA.　　　　　　　(→ _____)

A 다음 주어진 우리말과 일치하도록 빈칸에 알맞은 말을 쓰시오.

01   빵 여섯 덩어리가 부엌에 있다.

→ _____ _____ of _____ are in the kitchen.

02   나는 매일 여덟 잔의 물을 마신다.

→ I drink _____ _____ of _____ every day.

03   당신의 충고와 도움에 감사 드립니다.

→ Thank you for your _____ and _____.

04   차 한 잔 드시겠어요?

→ Would you like _____ _____ of _____?

05   Brown 씨는 한국에 살고 있으며 한국어를 잘한다.

→ Mr. Brown lives in _____ and speaks _____ well.

B 다음 문장의 틀린 부분을 바르게 고쳐 문장을 다시 쓰시오.

01   Every child needs loves.   모든 아이는 사랑이 필요하다.

→ _____

02   Five bottle of water are in the refrigerator.   물 다섯 병이 냉장고에 있다.

→ _____

03   He doesn't have much moneys.   그는 돈이 많지 않다.

→ _____

04   She is eating three loaves of pizza.   그녀는 피자 세 조각을 먹고 있다.

→ _____

05   Do you want sugars in your coffee?   커피에 설탕을 넣을까요?

→ _____

Sentence Writing

Writing Guide

· 셀 수 없는 명사 앞에는 a나 an을 쓰지 않는다.	→	I like milk.
· 셀 수 없는 명사는 복수형으로 만들 수 없다.	→	She wants love.
· 셀 수 없는 명사의 수를 셀 때는 단위 명사를 사용한다.	→	I drink two glasses of milk.

A 다음 우리말과 일치하도록 주어진 단어를 올바르게 배열하시오.

01 나는 후식으로 케이크 두 조각을 원한다. (for dessert, two, I, pieces, of, want, cake)

➡ _____

02 그녀는 종이 다섯 장을 들고 있다. (pieces, she, five, of, paper, is, holding)

➡ _____

03 그들은 오늘 일이 많지 않다. (work, don't, have, today, they, a lot of)

➡ _____

04 나일강은 이집트에 있니? (in Egypt, the Nile River, is, ?)

➡ _____

B 다음 주어진 말을 이용하여 우리말을 영작하시오.

01 나는 주머니에 돈이 없다. (in my pocket)

➡ _____

02 그는 하루에 세 잔의 차를 마신다. (a day)

➡ _____

03 그녀는 매일 우유 두 병을 산다. (buy)

➡ _____

04 우리는 맑은 공기와 물이 필요하다. (fresh)

➡ _____

05 나는 아침으로 빵 한 덩어리와 수프 한 그릇을 먹는다. (for breakfast)

➡ _____

A 다음 문장에서 알맞은 것을 고르시오.

01 She doesn't use much moneys | money .

02 Two bars of soap | Two bar of soaps are on the table.

03 The scientist has important infomations | information .

04 He is drinking a loaf of | a glass of orange juice.

05 Your advices | advice   is | are   very helpful.

B 다음 주어진 우리말과 일치하도록 빈칸에 알맞은 말을 쓰시오.

01 그는 종이 백 장을 가지고 있다.

→ He has one hundred _____ of _____.

02 너는 하루에 물 두 병을 마시니?

→ Do you drink _____ _____ of _____ a day?

03 나는 숙제가 많다. 그러나 나는 시간이 많지 않다.

→ I have a lot of _____. But I don't have much _____.

C 다음 주어진 말을 이용하여 우리말을 영작하시오.

01 너희는 도움이 필요하니? (help)

→ _____

02 런던은 영국에 있다. (London, in England)

→ _____

03 치즈 세 조각이 접시 위에 있다. (on the plate)

→ _____

04 그는 카페에서 커피 한 잔을 마시고 있다. (at the café)

→ _____

[01–02] 다음 빈칸에 들어갈 수 있는 것을 고르시오.

01 She is not an _____.

① pilot   ② angel   ③ engineers
④ doctor   ⑤ university student

02 They live in a _____.

① city   ② igloo   ③ Korea   ④ apartment   ⑤ island

03 다음 빈칸에 들어갈 수 <u>없는</u> 것을 고르시오.

She has three pairs of _____.

① pants   ② glasses   ③ scissors   ④ jackets   ⑤ gloves

[04–06] 다음 빈칸에 알맞은 말이 바르게 짝지어진 것을 고르시오.

04 _____ eagle is chasing _____ rabbit.

① A, an   ② A, a   ③ An, a   ④ An, an   ⑤ Two, a

05 Two _____ and three _____ are eating five _____.

① women, child, fish   ② woman, children, fish   ③ women, children, fish
④ women, child, fishes   ⑤ woman, children, fishes

06 David is _____ English teacher. He's from _____. He needs some _____.

① an, England, help   ② a, an England, help   ③ an, an England, helps
④ X, England, help   ⑤ an, England, helps

07 다음 빈칸에 알맞은 수량 표현이 바르게 짝지어진 것을 고르시오.

I have two _____ of bread and three _____ of water.

① loaf, bottle   ② loaf, bottles   ③ loaves, bottle
④ loaves, bottles   ⑤ pieces, bowls

08 다음 빈칸에 공통으로 들어갈 알맞은 것을 고르시오.

· Kate wants two _____ of juice.
· He drinks three _____ of milk a day.
· We need eight _____ of water every day.

① glasses　　② piece　　③ pieces　　④ bars　　⑤ glass

09 다음 중 밑줄 친 부분이 올바른 것을 고르시오.

① Three pianoes are in the room.　② She has five pieces of cake.
③ I need some informations.　④ He isn't an university student.
⑤ The baby has two tooths.

10 다음 중 올바른 문장이 아닌 것을 고르시오.

① An eagle has two big wings.　② We have a cat and two puppies.
③ Is he an honest friend?　④ She needs a pair of scissors.
⑤ Two mouse are eating a piece of cheese.

[11-12] 다음 우리말을 영작했을 때 밑줄 친 부분 중 틀린 것을 고르시오.

11 그것들은 황소도, 암소도, 돼지도 아니다. 그것들은 사슴들이다.

➡ They aren't oxens, cows, or pigs. They are deer.
　　　　　①　　②　　③　　④　　　　⑤

12 나는 점심으로 피자 두 조각과 달걀 한 개를 먹는다.

➡ I eat two pieces of pizzas and an egg for lunch.
　　　　　①　②　③　　④　⑤

13 다음 중 우리말을 올바르게 영작한 것을 고르시오.

① 그 양들은 자고 있다. → The sheeps are sleeping.
② 내 여동생은 치즈를 좋아한다. → My sister likes a cheese.
③ 그것은 MP3플레이어니? → Is it an MP3 player?
④ 너는 빵 두 덩어리가 필요하니? → Do you need two loaf of bread?
⑤ 우리는 돈이 많지 않다. → We don't have much moneys.

[14-15] 다음 주어진 우리말과 일치하도록 빈칸에 알맞은 말을 쓰시오.

14 그 수프는 양파 하나와 감자 두 개가 필요하다.

→ The soup needs _____ _____ and _____ _____.

15 그녀는 후식으로 케이크 두 조각을 먹는다.

→ She eats _____ _____ of _____ for dessert.

[16-17] 다음 주어진 말을 이용하여 우리말을 영작하시오.

16 타조 한 마리가 세 명의 아이들을 보고 있다. (ostrich, look at)

→ _____

17 그녀는 커피에 설탕과 우유를 넣는다. (put, in her coffee)

→ _____

[18-20] 다음 표를 보고 아이들이 원하는 것에 대한 글을 완성하시오.

	Kate	Jessica	Paul
at the market	딸기 열 개	강아지 두 마리, 물고기 세 마리	오렌지 다섯 개
at the café	케이크 한 조각	X	커피 한 잔

18 Kate needs _____ _____ at the market. She wants _____ _____ of cake at the café.

19 Jessica needs _____ _____ and _____ _____ at the market.

20 Paul needs _____ _____ at the market. He wants _____ _____ of coffee at the café.

Chapter 05 대명사

✔ 영작 Key Point

인칭대명사	주격 + 동사 + 목적격	I like them.
	소유격 + 명사	My friend likes her brother.
	소유격 + 명사 = 소유대명사	It is my bag. = It is mine.
지시대명사	This/That is + 단수명사	This is an ant.
	These/Those are + 복수명사	Those are ants.
비인칭 주어 it	It is + 날씨/시간/요일/날짜/계절 등	It is rainy.

인칭대명사

인칭대명사는 사람이나 사물을 대신해서 쓰는 말로 문장에서 주어, 목적어, 보어 역할을 하며, 역할에 따라 주격, 목적격, 소유격, 소유대명사의 형태가 있다.

A 주격과 목적격

인칭대명사의 주격은 문장에서 주어 역할을 하며, '∼은, ∼는, ∼이, ∼가'로 해석된다. 목적격은 문장에서 목적어 역할을 하며, '∼을, ∼를'로 해석한다.

주격 (∼은, ∼는, ∼이, ∼가)	동사	목적격 (∼을, ∼를)	해석
I	like	you.	나는 너(희)를 좋아한다.
You	like	me.	너는 나를 좋아한다.
He		it.	그는 그것을 좋아한다.
She	likes	him.	그녀는 그를 좋아한다.
It		her.	그것은 그녀를 좋아한다.
We		them.	우리는 그들을 좋아한다.
You	like	it.	너희는 그것을 좋아한다.
They		us.	그들은 우리를 좋아한다.

B 소유격과 소유대명사

인칭대명사의 소유격은 소유를 나타내며, 항상 명사 앞에 와서 '∼의'로 해석한다. 소유대명사는 「소유격 + 명사」를 대신하고 '∼의 것'으로 해석한다.

소유격 (∼의)	소유대명사 (∼의 것)
This is my chair. 이것은 나의 의자이다.	**This chair is** mine. 이 의자는 나의 것이다.
That is your cat. 저것은 너(희)의 고양이다.	**That cat is** yours. 저 고양이는 너(희)의 것이다.
That is his car. 저것은 그의 차이다.	**That car is** his. 저 차는 그의 것이다.
This is her pencil. 이것은 그녀의 연필이다.	**This pencil is** hers. 이 연필은 그녀의 것이다.
Our house **is big.** 우리의 집은 크다.	Ours **is big.** 우리의 것은 크다.
Their bags **are good.** 그들의 가방은 좋다.	Theirs **are good.** 그들의 것은 좋다.
Its tail **is long.** 그것의 꼬리는 길다.	–

◀⊕ **Grammar Plus** 소유격은 뒤에 항상 명사가 오지만, 소유대명사는 「소유격 + 명사」를 대신하므로 뒤에 명사가 오지 않는다.

A 다음 밑줄 친 부분을 알맞은 인칭대명사로 바꾸어 쓰시오.

01 My mother is so beautiful.   (➡ _____)

02 He reads two books every day.   (➡ _____)

03 The cat sleeps in the afternoon.   (➡ _____)

04 James eats an apple for breakfast.   (➡ _____)

05 Are these their bicycles?   (➡ _____)

06 Does your family like puppies?   (➡ _____)

07 It is not your computer.   (➡ _____)

08 Our teacher likes Susan and me very much.   (➡ _____)

09 Tom and I are good friends.   (➡ _____)

10 Does Mr. Baker know you and your sister?   (➡ _____)

B 다음 문장에서 알맞은 것을 고르시오.

01 It is her hers backpack.

02 They Their bicycle is very old.

03 It Its doesn't have a long neck.

04 My grandparents love my brother and me I .

05 She Her visits a lot of countries every year.

06 Mary often helps their them .

07 The red car is not us ours .

08 He His uniform is black and white.

09 Jenny has a rabbit. Its It tail is short.

10 We meet his him at the market.

11 It isn't your yours pencil case.

Grammar Guide

• 인칭대명사는 역할에 따라 주격, 목적격, 소유격, 소유대명사의 형태가 있다.
• 소유대명사는 「소유격 + 명사」를 대신하는 것으로 뒤에 명사가 오지 않는다.

Grammar Practice II

A 다음 괄호 안의 대명사를 빈칸에 알맞은 형태로 바꾸어 쓰시오.

01 My parents know _____ very well. (they)

02 The backpack is _____. (I)

03 The woman isn't _____ aunt. (he)

04 _____ feet are very large. (we)

05 The blue skirt is _____. (you)

06 They have a cat. _____ eyes are very big. (it)

07 Look at the birds! _____ have big wings. (they)

08 I don't meet _____. (he)

09 They aren't her gloves. _____ are pink. (she)

10 They are my grandparents. They often visit _____. (we)

B 다음 문장의 틀린 부분에 밑줄을 긋고 바르게 고쳐 쓰시오.

01 You country isn't big.   (➡ _____)

02 The flowers are our.   (➡ _____)

03 I English teacher is from Canada.   (➡ _____)

04 Jenny and me are in the same class.   (➡ _____)

05 Look at Kate. Her is dancing.   (➡ _____)

06 Do you know she sister?   (➡ _____)

07 I have a kitten. I love its very much.   (➡ _____)

08 They bicycles look expensive.   (➡ _____)

09 It isn't his umbrella. Him is blue.   (➡ _____)

10 Is the new cellphone you?   (➡ _____)

11 Do you remember I?   (➡ _____)

12 You and I are close friends. They meet every day.   (➡ _____)

A 다음 주어진 우리말과 일치하도록 빈칸에 알맞은 말을 쓰시오.

01 그의 할머니는 매우 건강하시다.

→ _____ grandmother _____ very healthy.

02 너의 남동생은 그녀와 나를 좋아한다.

→ _____ brother likes _____ and _____.

03 이것은 나의 것이고, 저것은 그녀의 것이다.

→ This is _____, and that is _____.

04 우리는 햄스터를 한 마리 가지고 있다. 그것의 꼬리는 길다.

→ _____ have a hamster. _____ tail is long.

05 그것은 그들의 자전거가 아니다. 그들의 것은 파란색이다.

→ _____ isn't _____ bicycle. _____ is blue.

B 다음 문장의 틀린 부분을 바르게 고쳐 문장을 다시 쓰시오.

01 Your looks very strong. 너의 것은 매우 튼튼해 보인다.

→ _____

02 Is it them book? 그것은 그들의 책이니?

→ _____

03 Him helps our every day. 그는 매일 우리를 도와준다.

→ _____

04 I like your and she. 나는 너와 그녀를 좋아한다.

→ _____

05 It's fur isn't white. 그것의 털은 흰색이 아니다.

→ _____

Sentence Writing

A 다음 우리말과 일치하도록 주어진 단어를 올바르게 배열하시오.

01 나의 아버지는 그녀의 영어 선생님이시다. (father, her, teacher, my, is, English)

➡ _____

02 그 모자들은 그들의 것이 아니다. (are, the hats, theirs, not)

➡ _____

03 너는 그와 그의 여동생을 좋아하니? (him, like, do, and, you, his sister, ?)

➡ _____

04 그들은 종종 우리의 집에 방문한다. (often, our, visit, they, house)

➡ _____

B 다음 주어진 말을 이용하여 우리말을 영작하시오.

01 그들의 양말은 매우 더럽다. (dirty)

➡ _____

02 우리는 종종 그와 그녀를 초대한다. (often, invite)

➡ _____

03 너는 나의 가장 좋은 친구이다. (best friend)

➡ _____

04 그 치즈는 우리의 것이 아니다. (cheese)

➡ _____

05 나는 그들을 기억하지 못한다. (remember)

➡ _____

A 다음 빈칸에 알맞은 인칭대명사를 쓰시오.

01 This is Mr. Brown. _____ wife is a lawyer.

02 My parents love me. I love _____, too.

03 David has a sister. _____ is very cute.

04 It isn't her backpack. _____ is orange.

05 The cats are mine. _____ names are Whiskers and Snowy.

B 다음 주어진 우리말과 일치하도록 빈칸에 알맞은 말을 쓰시오.

01 그의 부모님은 우리를 매우 잘 안다.

→ _____ parents know _____ very well.

02 나는 그녀의 것과 너의 것을 가지고 있지 않다.

→ _____ don't have _____ and _____.

03 그들이 너의 전화번호를 기억하니?

→ Do _____ remember _____ phone number?

C 다음 주어진 말을 이용하여 우리말을 영작하시오.

01 우리는 종종 우리의 조부모님을 방문한다. (often)

→ _____

02 너는 그와 그녀를 좋아하니? (like)

→ _____

03 그들은 너와 네 사촌들을 그리워한다. (miss, cousins)

→ _____

04 그 장갑들은 나의 것이 아니다. (gloves)

→ _____

UNIT 10 지시대명사와 비인칭 주어 it

Grammar Point

A 지시대명사

• 지시대명사는 사람이나 사물을 가리키는 대명사로, 가까운 대상을 가리킬 때는 this, these를 사용하고 먼 대상을 가리킬 때는 that, those를 사용한다.

	가까운 대상 (이것, 이것들)	먼 대상 (저것, 저것들)
단수	This is my uncle. 이 분은 나의 삼촌이다. This is not a bear. 이것은 곰이 아니다. Is this a hat? 이것은 모자인가요?	That is my friend. 저 아이는 나의 친구이다. That is not a fox. 저것은 여우가 아니다. Is that a bag? 저것은 가방인가요?
복수	These are my uncles. 이 분들은 나의 삼촌들이다. These are not bears. 이것들은 곰이 아니다. Are these hats? 이것들은 모자인가요?	Those are my friends. 저 아이들은 나의 친구들이다. Those are not foxes. 저것들은 여우가 아니다. Are those bags? 저것들은 가방인가요?

• 지시대명사 this/that으로 물으면 it으로 대답하고, these/those로 물으면 they로 대답한다.

Ⓐ Is that/this a rose? Ⓑ Yes, it is. / No, it isn't.

Ⓐ Are these/those pants? Ⓑ Yes, they are. / No, they aren't.

• this/that/these/those는 뒤에 오는 명사를 꾸며주는 역할을 하는 지시형용사로 쓰일 수 있다.

this/that + 단수명사	these/those + 복수명사
This book is interesting. 이 책은 재미있다. That girl is pretty. 저 소녀는 예쁘다.	These books are interesting. 이 책들은 재미있다. Those girls are pretty. 저 소녀들은 예쁘다.

B 비인칭 주어 it

날씨, 시간, 요일, 날짜, 계절, 거리, 명암 등을 말할 때 비인칭 주어 it을 쓴다. it은 문장에서 주어 자리에 오지만 '그것'이라고 해석하지 않는다.

비인칭 주어	동사	날씨, 시간, 요일, 날짜, 계절, 거리, 명암 등을 나타내는 표현
It	is	sunny. 날씨가 화창하다. 5:30. 5시 30분이다. Friday. 금요일이다. July 15. 7월 15일이다. summer. 여름이다. 2 kilometers from here to school. 여기서 학교까지 2킬로미터이다. dark at night. 밤에는 어둡다.

➕ Grammar Plus It is rainy. (O)   It rains a lot. (O)   It is rain. (X)

A 다음 그림을 보고 알맞은 지시대명사 혹은 비인칭 주어 **it**을 쓰시오.

01

_____ is my pencil.

02

_____ are her books.

03

Are _____ your friends?

04

_____ is December 15.

05

_____ is my house.

06

_____ is snowing now.

B 다음 문장에서 알맞은 것을 고르시오.

01 This | These is milk.

02 Those | That are not rabbits.

03 Look! This | It is raining outside.

04 That is a tiger | tigers .

05 This | It is bright outside.

06 These | It glasses are mine.

07 Do you need this | it chair?

08 That | It is 11:35.

09 Is that | those your pencil case?

10 These is | are not my tomatoes.

11 Look at those | that lions.

12 These | This monkey has a long tail.

Grammar Guide

· this/that은 한 사람이나 물건 하나를, these/those는 둘 이상의 사람이나 물건을 가리킬 때 쓴다.
· this/that (is) 다음에는 단수명사가, these/those (are) 다음에는 복수명사가 온다.

Grammar Practice II

A 다음 문장에서 밑줄 친 부분을 바르게 고쳐 쓰시오.

01   Those bird is flying high.   (➡ _____)

02   Are this his dictionaries?   (➡ _____)

03   Those isn't her rain boots.   (➡ _____)

04   Do you know this people?   (➡ _____)

05   That is Children's Day today.   (➡ _____)

06   Are this your grandfather?   (➡ _____)

07   These sock are not mine.   (➡ _____)

08   Do you live in those house?   (➡ _____)

09   This is winter.   (➡ _____)

10   Is that your juice? No, that isn't.   (➡ _____)

B 다음 주어진 문장을 지시대로 바꾸어 쓰시오.

01   That is a knife.

     복수형 문장 ▶ _____

02   This koala is cute.

     복수형 문장 ▶ _____

03   Those boys look smart.

     부정문 ▶ _____

04   It is Thursday today.

     부정문 ▶ _____

05   This baby has three teeth.

     의문문 ▶ _____

06   It is hot and humid.

     의문문 ▶ _____

A 다음 주어진 우리말과 일치하도록 빈칸에 알맞은 말을 쓰시오.

01 이 사람들은 나의 반 친구들이 아니다.

→ _____ are not _____ classmates.

02 저 여행 가방들은 매우 무겁다.

→ _____ suitcases _____ very heavy.

03 이것은 사과이고, 저것은 배다.

→ _____ _____ an apple, and _____ _____ a pear.

04 겨울이다. 날씨가 매우 춥다.

→ _____ is winter. _____ is very cold.

05 이것들은 나의 것이고, 저것들은 그녀의 것이다.

→ _____ are _____, and _____ are _____.

B 다음 문장의 틀린 부분을 바르게 고쳐 문장을 다시 쓰시오.

01 **This is not my cellphone.** 저것은 나의 휴대폰이 아니다.

→ _____

02 **Does she want these doll?** 그녀는 이 인형을 원하니?

→ _____

03 **These watch look expensive.** 이 시계들은 비싸 보인다.

→ _____

04 **Are that children her students?** 저 아이들은 그녀의 학생들이니?

→ _____

05 **This is 12 o'clock now.** 지금은 12시 정각이다.

→ _____

Sentence Writing

- this/that (is) 다음에는 단수명사를 쓴다.　　→　　This **is an** ant.
- these/those (are) 다음에는 복수명사를 쓴다.　　→　　These glasses **are mine.**
- It is + 날씨/시간/요일/날짜/계절 순으로 쓴다.　　→　　It **is rainy.**

A 다음 우리말과 일치하도록 주어진 단어를 올바르게 배열하시오.

01　이 분은 나의 영어 선생님이다. (teacher, is, this, my, English)

　　➡ _____

02　저것들은 너의 장갑이니? (gloves, those, are, your, ?) 응, 그래. (are, they, yes)

　　➡ _____

03　이 공들은 너의 것이 아니다. (balls, are, yours, these, not)

　　➡ _____

04　오늘은 나의 생일이다. (today, is, my, it, birthday)

　　➡ _____

B 다음 주어진 말을 이용하여 우리말을 영작하시오.

01　이것은 나의 목걸이가 아니다. (necklace)

　　➡ _____

02　오늘은 11월 11일이다. (November 11)

　　➡ _____

03　저 나뭇잎들은 화려하다. (colorful)

　　➡ _____

04　오늘은 흐리고 바람이 분다. (cloudy, windy)

　　➡ _____

05　나는 저 소년을 기억하지 못한다. (remember)

　　➡ _____

A 다음 문장에서 알맞은 것을 고르시오.

01   That | Those   are not my shoes.

02   Is   that | those   bread theirs?

03   Are   these | that   your puppies? No,   these | they   aren't.

04   Look at   that | those   flowers. They are beautiful.

05   Is   this | it   9:30 now?

B 다음 주어진 우리말과 일치하도록 빈칸에 알맞은 말을 쓰시오.

01   5월 8일이다. 오늘은 어버이날이다.

➡ _____ May 8. _____ Parents' Day today.

02   저것은 너의 컴퓨터이니? 응, 그래.

➡ _____ _____ your computer? Yes, _____ _____.

03   저 나뭇잎들을 봐. 가을이다.

➡ Look at _____ leaves. _____ is fall.

C 다음 주어진 말을 이용하여 우리말을 영작하시오.

01   저것은 너의 축구공이니? (soccer ball)

➡ _____

02   한국에는 눈이 오고 있다. (in Korea)

➡ _____

03   나는 이 스카프와 저 벙어리 장갑을 원한다. (scarf, mittens)

➡ _____

04   이 사전들은 우리의 것이 아니다. (dictionary)

➡ _____

Actual Test

01 다음 빈칸에 들어갈 수 있는 것을 고르시오.

Look at those actors. _____ are very handsome.

① He   ② These   ③ They   ④ We   ⑤ You

[02-03] 다음 빈칸에 들어갈 수 <u>없는</u> 것을 고르시오.

02 We know _____ very well.

① him   ② her   ③ them   ④ you   ⑤ its

03 These trousers are _____.

① mine   ② her   ③ theirs   ④ yours   ⑤ his

[04-05] 다음 빈칸에 알맞은 말이 바르게 짝지어진 것을 고르시오.

04 _____ is my sister. _____ is a nurse.

① This, He   ② These, She   ③ These, He   ④ This, She   ⑤ That, He

05 _____ has a car. _____ car is gray. He likes _____ very much.

① He, His, it   ② His, Him, it   ③ He, His, them   ④ He, Him, it   ⑤ His, His, it

06 다음 대화의 빈칸에 알맞은 말이 바르게 짝지어진 것을 고르시오.

Ⓐ Is that your camera?   Ⓑ No, _____ isn't. It's hers.
Ⓐ Are these your earrings?   Ⓑ Yes, _____ are.

① it, they   ② it, that   ③ that, those   ④ that, these   ⑤ it, those

07 다음 빈칸에 공통으로 들어갈 알맞은 것을 고르시오.

· _____ is summer.   · _____ is October 4.
· _____ is Saturday today.

① He   ② That   ③ This   ④ She   ⑤ It

08 다음 중 밑줄 친 부분이 올바른 것을 고르시오.

① <u>She father</u> is a firefighter.　　② <u>This children</u> is my nephew.
③ He misses <u>you and I</u>.　　④ <u>It's name</u> is Pinky.
⑤ They always <u>invite us</u>.

09 다음 중 올바른 문장을 고르시오.

① These bicycles isn't ours.　　② Do you need these pencil?
③ Are that your uncle?　　④ It is 5km from here to the shop.
⑤ It isn't my backpack. Me is yellow.

[10-12] 다음 우리말을 영작했을 때 밑줄 친 부분 중 틀린 것을 고르시오.

10 저 집을 보아라. 그것의 지붕은 매우 뾰족하다.

➡ <u>Look</u> at <u>that</u> <u>house</u>. <u>It</u> <u>roof</u> <u>is</u> very sharp.
　　①　　②　　③　④　⑤

11 10월 6일이다. 오늘이 그의 생일이니?

➡ <u>That</u> <u>is</u> October 6. <u>Is</u> <u>it</u> <u>his</u> birthday today?
　　①　②　　　　③④　⑤

12 이것들은 그녀의 강아지들이 아니다. 그녀의 것들은 점박이이다.

➡ <u>These</u> <u>aren't</u> <u>her</u> <u>puppies</u>. <u>Her</u> are spotty.
　　①　　　②　　③　　④　　　⑤

13 다음 중 우리말을 올바르게 영작한 것을 고르시오.

① 이것은 거위가 아니다.　→　This is not a goose.
② 밖은 어둡다.　→　This is dark outside.
③ 저 야구 방망이는 그의 것이다.　→　That bat is him.
④ 저 분들이 너의 부모님이니?　→　Are those you parents?
⑤ 우리는 종종 그와 그녀를 만난다.　→　We often meet he and her.

[14-15] 다음 주어진 우리말과 일치하도록 빈칸에 알맞은 말을 쓰시오.

14 이것들은 그들의 장갑이다. 그것들은 매우 따뜻하다.

    ➡ _____ are _____ gloves. _____ are very warm.

15 저 여행 가방들은 너희의 것이니? 네, 그렇습니다.

    ➡ Are _____ suitcases _____? Yes, _____ _____.

[16-17] 다음 주어진 말을 이용하여 우리말을 영작하시오.

16 나의 할머니는 우리를 주말마다 방문하신다. (every weekend)

    ➡ _____

17 이 노란 우산은 너의 것이니? (yellow umbrella)

    ➡ _____

[18-20] 다음 표를 보고 글을 완성하시오.

	Pet	Pet's Name
Sue	a cat	Pinky
Brian	two puppies	Sophie and Doggy
Sam	a hamster	Hammy

18 Sue has a cat. _____ name is Pinky. _____ loves _____.

19 Brian has two puppies. _____ names are Sophie and Doggy.

    _____ loves _____ very much.

20 Sam has a hamster. _____ name is Hammy. _____ has red eyes.

Chapter 06 의문사

✔ 영작 Key Point

Who/What/Which (주어) + 동사 ~?	Who likes her?
Who/What/Which (목적어) + do/does + 주어 + 동사원형 ~?	What does she do?
When/Where/Why/How + be동사 + 주어 ~?	When is your birthday?
When/Where/Why/How + do/does + 주어 + 동사원형 ~?	Where does he go?
How + 형용사/부사 + be동사 + 주어 ~?	How old are you?
How + 형용사/부사 + do/does + 주어 + 동사원형 ~?	How long does it take?

Who, What, Which

Grammar Point

A 의문사 Who, What, Which

의문사 who(누구)는 사람에 대해 물을 때, what(무엇)은 사물이나 사람의 이름이나 직업을 물을 때,
which(어느 것)는 정해진 범위에서 무엇을 선택할 때 사용한다. 의문사가 있는 의문문은 Yes/No로 대답하지
않고 특정 정보로 대답한다.

B 의문사가 주어일 때

의문사가 주어일 때 의문문은 「의문사 + be동사/일반동사 ~?」의 어순이다.

의문사(주어)	be동사/일반동사	해석	대답
Who	is your sister? plays the piano?	누가 너의 여동생이니? 누가 피아노를 치니?	My sister is Sally. James plays the piano.
What	moves?	무엇이 움직이니?	A cat moves.
Which	is your bag?	어느 것이 너의 가방이니?	The red one is.

C 의문사가 목적어일 때

의문사가 목적어일 때 의문문은 「의문사 + do/does + 주어 + 동사원형 ~?」의 어순이다.

의문사(목적어)	do/does	주어	동사원형	해석	대답
Who	do	you	like?	너는 누구를 좋아하니?	I like Jason.
What	does	he	do?	그는 직업이 무엇이니?	He is a doctor.
Which	do	you	like, English or math?	너는 영어와 수학 중 어느 것을 더 좋아하니?	I like English.

D What + 명사

의문사 what 다음에 명사가 오면 '무슨(어떤) ~'라고 해석한다.

What + 명사		해석	대답
What time	is it? / do you have?	몇 시니?	It is 6:30.
What day	is it?	무슨 요일이니?	It is Saturday.
What color	do you like?	너는 무슨 색을 좋아하니?	I like green.

➭ **Grammar Plus** 시간을 묻는 표현은 다음과 같다.
What time is it? = What time do you have? = What's the time? = Do you have the time?

92 *Chapter 06*

A 다음 문장에서 알맞은 것을 고르시오.

01   Who What   is your English teacher?

02   What Who   is her favorite ice cream?

03   Who Which   is bigger, an elephant or a tiger?

04   What Who   do you eat for dinner?

05   Which Who   is playing the violin?

06   What Which   do you do at noon?

07   What Who   food do you like?

08   Who Which   knows him?

09   Which What   color is her hair?

10   Who do you   like likes   ?

11   What does your sister   wear wears   ?

12   What   does do   your father do?

> **Grammar Guide**
>
> • who는 사람, what은 사물이나 사람의 이름이나 직업을 물을 때, which는 정해진 범위에서 무엇을 선택할 때 쓴다.
> • 의문사가 목적어일 때 주어 뒤에는 동사원형이 온다.

B 다음 질문에 대한 올바른 대답을 연결하시오.

01 What is your mother doing?	I miss my sister.
02 What time is it now?	She is listening to music.
03 Which is longer, a snake or a snail?	My sister remembers him.
04 What does he do?	A snake.
05 Who is dancing?	Mike is dancing.
06 Who remembers him?	He is a businessman.
07 What sports do you like?	I like baseball.
08 Who do you miss?	It's 11:30.

A 다음 대화의 빈칸에 **who**, **what**, **which** 중 알맞은 의문사를 쓰시오.

01 Ⓐ _____ is your hobby?

Ⓑ My hobby is drawing pictures.

02 Ⓐ _____ knows the story?

Ⓑ Mike and I know the story.

03 Ⓐ _____ is faster, a lion or a cheetah?

Ⓑ A cheetah is faster.

04 Ⓐ _____ do you want for dessert?

Ⓑ I want a piece of cake.

05 Ⓐ _____ day is it today?

Ⓑ It is Friday.

06 Ⓐ _____ does she take care of?

Ⓑ She takes care of her baby.

B 다음 대답을 보고 의문사가 들어간 의문문을 바르게 고쳐 쓰시오.

01 Ⓐ Which is the woman over there?　　　　　Ⓑ She is my aunt.

➡ _____

02 Ⓐ Who does your father do?　　　　　Ⓑ He is an engineer.

➡ _____

03 Ⓐ What is longer, the Nile or the Amazon?　　　　　Ⓑ The Nile.

➡ _____

04 Ⓐ Which time do you have?　　　　　Ⓑ It's 9:30.

➡ _____

05 Ⓐ What does he cooks?　　　　　Ⓑ He cooks spaghetti.

➡ _____

A 다음 주어진 우리말과 일치하도록 빈칸에 알맞은 말을 쓰시오.

01 누가 침대에서 잠을 자고 있니?

→ _____ _____ sleeping in the bed?

02 이것들은 무엇이니?

→ _____ _____ these?

03 태양과 달 중에 어느 것이 더 밝니?

→ _____ _____ brighter, the sun or the moon?

04 Sally는 반에서 누구를 좋아하니?

→ _____ _____ Sally _____ in her class?

05 너는 아침으로 무엇을 먹니?

→ _____ _____ you _____ for breakfast?

B 다음 보기와 같이 밑줄 친 부분을 묻는 의문문을 쓰시오.

보기 Her name is Kate. → _What is her name?_

01 She likes Martin.

→ _____

02 My mother is cleaning the house.

→ _____

03 They are iguanas.

→ _____

04 She has a teddy bear.

→ _____

05 Everyone knows the singer.

→ _____

Sentence Writing

Writing Guide

· 의문사는 의문문의 맨 앞에 쓴다.   → What is that?
· 의문사가 주어일 때 「의문사 + be동사/일반동사 ~?」 순으로 쓴다.   → Who loves you?
· 의문사가 목적어일 때 「의문사 + do/does + 주어 + 동사원형 ~?」 순으로 쓴다. → What do you do?

A 다음 우리말과 일치하도록 주어진 단어를 올바르게 배열하시오.

01 너의 배낭에는 무엇이 들어있니? (your, is, backpack, in, what, ?)

→ _____

02 그들은 주말에 누구를 방문하니? (they, visit, who, on weekends, do, ?)

→ _____

03 너의 어머니는 몇 시에 일어나시니? (time, what, mother, your, get up, does, ?)

→ _____

04 다이아몬드와 쇠 중 어느 것이 더 강하니? (is, which, a diamond, stronger, or metal, ?)

→ _____

B 다음 주어진 말을 이용하여 우리말을 영작하시오.

01 저 이상한 소리는 무엇이니? (strange sound)

→ _____

02 누가 그 차를 운전하고 있니? (drive)

→ _____

03 그는 주말에 누구를 만나니? (meet, on weekends)

→ _____

04 너의 삼촌은 직업이 무엇이니?

→ _____

05 그녀의 비옷은 무슨 색이니? (raincoat)

→ _____

A 다음 대화의 빈칸에 알맞은 의문사를 쓰시오.

01 Ⓐ _____ is she?   Ⓑ She is my cousin.

02 Ⓐ _____ is your favorite sport?   Ⓑ My favorite sport is baseball.

03 Ⓐ _____ do you play with?   Ⓑ I play with my friends.

04 Ⓐ _____ is smarter, a dog or a cat?   Ⓑ A dog.

05 Ⓐ _____ does she do?   Ⓑ She is a police officer.

B 다음 주어진 우리말과 일치하도록 빈칸에 알맞은 말을 쓰시오.

01 누가 그의 전화번호를 알고 있니?

→ _____ _____ his phone number?

02 네 여동생은 주말에 무엇을 하니?

→ _____ _____ your sister _____ on weekends?

03 그 아이들은 어떤 색을 좋아하니?

→ _____ _____ _____ the children like?

C 다음 주어진 말을 이용하여 우리말을 영작하시오.

01 그녀는 학교에서 무엇을 가르치니? (teach, at school)

→ _____

02 그들은 매일 누구를 돕니? (every day)

→ _____

03 네가 가장 좋아하는 영화는 무엇이니? (favorite movie)

→ _____

04 누가 내 노트북 컴퓨터를 가지고 있니? (laptop computer)

→ _____

When, Where, Why, How

A 의문사 When, Where, Why, How

의문사 when(언제)은 시간을 물을 때, where(어디)는 장소를 물을 때, how(어떻게)는 상태, 방법, 날씨, 안부 등을 물을 때 사용한다. 이유를 물을 때는 why(왜)를 사용하며, because로 대답한다.

	의문문	대답
시간	When is the party? 파티는 언제니?	It's on May 8.
장소	Where do you live? 너는 어디에 사니?	I live in Seoul.
이유	Why are they at home? 그들은 왜 집에 있니?	Because it is cold outside.
상태, 방법 등	How do you go to school? 너는 어떻게 학교에 가니?	I go to school on foot.

Grammar Plus 다른 의문사를 사용하여 같은 의미의 의문문을 만들 수 있다.
When (= What time) do you have lunch? 너는 점심을 언제 먹니?
How is the weather? (= What is the weather like?) 날씨가 어떠니?

B When, Where, Why, How로 시작하는 의문문

• be동사가 있는 문장의 의문사 의문문은 「의문사 + be동사 + 주어 ～?」의 어순이다.

의문사	be동사	주어	해석
When	is	your birthday?	너의 생일은 언제니?
Where	are	they?	그들은 어디에 있니?
Why	are	you tired?	너는 왜 피곤하니?
How	is	the weather?	날씨가 어떠니?

• 일반동사가 있는 문장의 의문사 의문문은 「의문사 + do/does + 주어 + 동사원형 ～?」의 어순이다.

의문사	do/does	주어	동사원형	해석
When	does	he	leave?	그는 언제 떠나니?
Where	does	she	study?	그녀는 어디에서 공부하니?
Why	do	they	shout?	그들은 왜 소리를 지르니?
How	do	you	feel?	너는 기분이 어떠니?

A 다음 문장에서 알맞은 것을 고르시오.

01 Ⓐ Where | When are you?   Ⓑ I'm in the museum.

02 Ⓐ Where | Why do you like her?   Ⓑ Because she is kind.

03 Ⓐ Why | Where does he live?   Ⓑ He lives in London.

04 Ⓐ How | Why are you in a hurry?   Ⓑ Because I'm late for school.

05 Ⓐ When | How is everything?   Ⓑ Everything is okay.

06 Ⓐ Why | When does the show start?   Ⓑ It starts soon.

07 Ⓐ How | Why is she absent?   Ⓑ Because she has a cold.

08 Ⓐ When | Why do you eat dinner?   Ⓑ I eat dinner at 7.

09 Ⓐ Where | When is Children's Day?   Ⓑ It's on May 5.

10 Ⓐ Where | How do you go to school?   Ⓑ By bus.

11 Where is | does your bike?

12 When does he go | goes to bed?

B 다음 질문에 대한 올바른 대답을 연결하시오.

01 When is your birthday?   •   • I go to work by subway.

02 Where does he stay?   •   • I eat breakfast at 8.

03 How are you?   •   • It's on September 18.

04 Why are you happy?   •   • Because it's Friday.

05 When do you eat breakfast?   •   • I'm great.

06 How do you go to work?   •   • He stays at a hotel.

07 Why do you like chocolate?   •   • He's from England.

08 Where is he from?   •   • Because it's sweet.

A 다음 대화의 빈칸에 **when**, **where**, **why**, **how** 중 알맞은 의문사를 쓰시오.

01 ⓐ _____ is your English teacher from?

ⓑ She is from Canada.

02 ⓐ _____ are you staying at home?

ⓑ Because it's cold outside.

03 ⓐ _____ do I look?

ⓑ You look great.

04 ⓐ _____ does your class start?

ⓑ My class starts at 9.

05 ⓐ _____ do you go to the theater?

ⓑ I go to the theater by train.

06 ⓐ _____ are you looking at me?

ⓑ Because you are pretty.

> **Grammar Guide**
>
> 의문사 when은 시간을 물을 때, where은 장소를 물을 때, why는 이유를 물을 때, how는 상태, 방법, 날씨, 안부 등을 물을 때 쓴다.

B 다음 대답을 보고 의문사가 들어간 의문문을 바르게 고쳐 쓰시오.

01 ⓐ Where is New Year's Day?   ⓑ It's on January 1.

→ _____

02 ⓐ When is the post office?   ⓑ It's next to the bank.

→ _____

03 ⓐ Where do you study hard?   ⓑ Because I have a test.

→ _____

04 ⓐ How do you have P.E.?   ⓑ On Monday.

→ _____

05 ⓐ When is your mother?   ⓑ She's good.

→ _____

A 다음 우리말과 일치하도록 빈칸에 알맞은 말을 쓰시오.

01 그것은 맛이 어떠니?

→ _____ _____ it taste?

02 그녀는 매주 일요일에 어디를 가니?

→ _____ _____ she _____ every Sunday?

03 네 영어 시험은 언제니?

→ _____ _____ your English test?

04 어떻게 지내니? 네 여동생은 어떻게 지내?

→ _____ _____ you? _____ _____ your sister?

05 그는 왜 선글라스를 쓰고 있니?

→ _____ _____ he wearing sunglasses?

B 다음 보기와 같이 밑줄 친 부분을 묻는 의문문을 쓰시오.

보기 It's windy today. → How is the weather?

01 They are at the movie theater.

→ _____

02 She goes to church by bus.

→ _____

03 The leaves turn red in autumn.

→ _____

04 He studies hard because he has a test.

→ _____

05 The school sports day is next Tuesday.

→ _____

Sentence Writing

Writing Guide

· 의문사는 의문문의 맨 앞에 쓴다. → When is your birthday?
· 「When/Where/Why/How + be동사 + 주어 ~?」 순으로 쓴다. → Why are you late?
· 「When/Where/Why/How + do/does + 주어 + 동사원형 ~?」 순으로 쓴다. → Where does he go?

A 다음 우리말과 일치하도록 주어진 단어를 올바르게 배열하시오.

01 네 여동생은 왜 울고 있니? (crying, why, is, sister, your, ?)

➡ _____

02 그들은 언제 파티를 하니? (do, when, they, a party, have, ?)

➡ _____

03 너의 영어 선생님은 어디 출신이시니? (your, where, is, from, English teacher, ?)

➡ _____

04 그녀는 어떻게 케이크를 만드니? (does, how, she, a cake, make, ?)

➡ _____

B 다음 주어진 말을 이용하여 우리말을 영작하시오.

01 전철역은 어디인가요? (subway station)

➡ _____

02 그는 왜 약을 먹니? (take medicine)

➡ _____

03 발렌타인데이는 언제니? (Valentine's Day)

➡ _____

04 그 영화는 언제 시작하니? (start)

➡ _____

05 그들은 어떻게 직장에 가니? (go to work)

➡ _____

A 다음 대화의 빈칸에 알맞은 의문사를 쓰시오.

01 ⓐ _____ is her birthday? ⓑ It's on April 5.

02 ⓐ _____ are you these days? ⓑ I'm fine.

03 ⓐ _____ does she live? ⓑ She lives in Seoul.

04 ⓐ _____ is Mike absent? ⓑ Because he is sick.

05 ⓐ _____ do owls hunt? ⓑ At night.

B 다음 주어진 우리말과 일치하도록 빈칸에 알맞은 말을 쓰시오.

01 물고기들은 어떻게 잠을 자니?

→ _____ _____ fish _____?

02 그녀는 언제 뉴욕으로 떠나니?

→ _____ _____ she _____ for New York?

03 너희는 어디에서 영화를 보니?

→ _____ _____ you _____ movies?

C 다음 주어진 말을 이용하여 우리말을 영작하시오.

01 그들은 언제 회의를 하니? (have a meeting)

→ _____

02 너는 왜 배가 고프니? (hungry)

→ _____

03 그는 지금 어디를 여행하고 있니? (travel)

→ _____

04 제가 어떻게 우체국에 갈 수 있나요? (get to)

→ _____

How + 형용사/부사

how 뒤에 형용사나 부사가 와서 나이, 키, 높이, 가격 등을 묻는 표현이 되며, '얼마나 ~한'이라고 해석한다.

A How + 형용사/부사 의문문

• be동사가 있는 의문사 의문문일 때 「How + 형용사/부사 + be동사 + 주어 ~?」의 어순이다.

	How + 형용사/부사	be동사	주어	해석	대답
나이	How old	are	you?	너는 몇 살이니?	I'm 14 years old.
키	How tall	is	he?	그는 키가 얼마니?	He's 180cm tall.
높이	How high	is	the tree?	그 나무는 얼마나 높니?	It's 5m high.
가격	How much	is	the pen?	그 펜은 가격이 얼마니?	It's 2 dollars.
거리	How far	is	the shop?	그 가게는 얼마나 머니?	It's 10km.
길이	How long	is	the ruler?	그 자는 얼마나 기니?	It's 30cm long.

• 일반동사가 있는 의문사 의문문일 때 「How + 형용사/부사 + do/does + 주어 + 동사원형 ~?」의 어순이다.

	How + 형용사/부사	do/does	주어	동사원형	해석	대답
빈도	How often	do	you	exercise?	너는 얼마나 자주 운동하니?	Once a week.
기간	How long	does	it	take?	그것은 시간이 얼마나 걸리니?	It takes an hour.

B How many/much ~?

how many/much ~?는 수량을 물을 때 쓰는 표현으로, how many 뒤에는 셀 수 있는 명사가 오고, how much 뒤에는 셀 수 없는 명사가 온다.

	명사	do/does	주어	동사원형	해석	대답
How many	friends	do	you	have?	너는 친구가 몇 명이니?	I have 20 friends.
How much	money	does	he	have?	그는 돈을 얼마나 가지고 있니?	He has 5 dollars.

⊕ **Grammar Plus** how many 다음에 오는 셀 수 있는 명사는 복수형으로 쓴다.

A 다음 문장에서 알맞은 것을 고르시오.

01 Ⓐ How old big is your father?   Ⓑ He's 45 years old.

02 Ⓐ How long often is the river?   Ⓑ It's 50km long.

03 Ⓐ How old tall is your sister?   Ⓑ She's 160cm tall.

04 Ⓐ How high heavy is the building?   Ⓑ It's 10m high.

05 Ⓐ How many much are the shoes?   Ⓑ They're 15 dollars.

06 Ⓐ How often high do you exercise?   Ⓑ Every day.

07 Ⓐ How long does it take takes ?   Ⓑ It takes 30 minutes.

08 Ⓐ How heavy is does the book?   Ⓑ It's 2kg.

09 How much shirts cheese do you have?

10 How many oranges milk do you need?

B 다음 대화의 빈칸에 알맞은 형용사나 부사를 보기에서 골라 쓰시오.

01 Ⓐ How _____ do they play soccer?

   Ⓑ Twice a week.

02 Ⓐ How _____ does it take to go there?

   Ⓑ It takes half an hour.

03 Ⓐ How _____ is Mt. Everest?

   Ⓑ It is 8,850 meters high.

04 Ⓐ How _____ is the suitcase?

   Ⓑ It's 20kg.

05 Ⓐ How _____ is the train station?

   Ⓑ It's 2km.

06 Ⓐ How _____ is your grandmother?

   Ⓑ She is eighty years old.

보기
long
old
heavy
often
high
far

A 다음 대화의 빈칸에 알맞은 말을 쓰시오.

Grammar Guide

- 나이: How old ~?   • 키: How tall ~?
- 높이: How high ~?   • 가격: How much ~?
- 거리: How far ~?   • 길이, 기간: How long ~?
- 무게: How heavy ~?   • 빈도: How often ~?
- 수량: How many/much ~?

01 Ⓐ _____ _____ is the bridge?

   Ⓑ It's 4 kilometers long.

02 Ⓐ _____ _____ is his cellphone?

   Ⓑ It's 150 dollars.

03 Ⓐ _____ _____ do you go shopping?

   Ⓑ I go shopping once a week.

04 Ⓐ _____ _____ chairs are in the room?

   Ⓑ Five chairs are in the room.

05 Ⓐ _____ _____ is the Empire State Building?

   Ⓑ It's about 448 meters high.

06 Ⓐ _____ _____ is the gold bar?

   Ⓑ It's 1 kilogram.

B 다음 문장의 틀린 부분을 바르게 고쳐 문장을 다시 쓰시오.

01 How high is your sister? 네 여동생은 몇 살이니?

   → _____

02 How many water do we have? 우리는 물을 얼마나 가지고 있니?

   → _____

03 How big is the giraffe? 그 기린은 키가 얼마나 크니?

   → _____

04 How many cousin do you have? 너는 사촌이 몇 명이니?

   → _____

05 How long does it takes? 그것은 시간이 얼마나 걸리니?

   → _____

A 다음 주어진 우리말과 일치하도록 빈칸에 알맞은 말을 쓰시오.

01 그 아기는 몸무게가 얼마나 되니?

➡ _____ _____ is the baby?

02 너희는 얼마나 자주 야구를 하니?

➡ _____ _____ do you _____ baseball?

03 공항은 여기에서 얼마나 머니?

➡ _____ _____ is the airport from here?

04 그 일은 얼마나 걸리니?

➡ _____ _____ does the work _____?

05 그녀는 책을 몇 권 가지고 있니?

➡ _____ _____ books _____ she _____?

B 다음 보기와 같이 밑줄 친 부분을 묻는 의문문을 쓰시오.

보기 ▶ It is 15 dollars. ➡ ___How much is it?___

01 The singer is twenty-five years old.

➡ _____

02 He is 180cm tall.

➡ _____

03 I ride my bike once a week.

➡ _____

04 The Han River is about 514km long.

➡ _____

05 She has 25 dollars.

➡ _____

Sentence Writing

A 다음 우리말과 일치하도록 주어진 단어를 올바르게 배열하시오.

01 너는 얼마나 자주 영화를 보러 가니? (do, how, you, go, often, to the movies, ?)

➡ _____

02 그는 시간이 얼마나 있니? (he, how, does, time, have, much, ?)

➡ _____

03 그것은 도서관에서 얼마나 머니? (is, far, it, from the library, how, ?)

➡ _____

04 너는 청바지를 몇 벌 가지고 있니? (do, how, have, many, you, jeans, ?)

➡ _____

B 다음 주어진 말을 이용하여 우리말을 영작하시오.

01 나일강은 얼마나 기니? (the Nile River)

➡ _____

02 이 파인애플은 가격이 얼마니? (pineapple)

➡ _____

03 에펠 탑은 얼마나 높니? (the Eiffel Tower)

➡ _____

04 거기 가는 데 시간이 얼마나 걸리니? (get there)

➡ _____

05 저 절은 얼마나 오래되었니? (temple)

➡ _____

A 다음 대화의 빈칸에 알맞은 말을 쓰시오.

01 Ⓐ _____ _____ is your sister?   Ⓑ She's 7 years old.

02 Ⓐ _____ _____ do they meet?   Ⓑ Once a week.

03 Ⓐ _____ _____ is the hat?   Ⓑ It's 25 dollars.

04 Ⓐ _____ _____ is the bridge?   Ⓑ It's 4km long.

05 Ⓐ _____ _____ milk do you drink?   Ⓑ 500ml a day.

B 다음 주어진 우리말과 일치하도록 빈칸에 알맞은 말을 쓰시오.

01 그는 일주일에 며칠 일을 하니?

➡ _____ _____ _____ a week does he work?

02 도서관은 여기에서 얼마나 머니?

➡ _____ _____ is the library from here?

03 시청까지 가는 데 시간이 얼마나 걸리니?

➡ _____ _____ does it _____ to go to city hall?

C 다음 주어진 말을 이용하여 우리말을 영작하시오.

01 너는 얼마나 자주 외식을 하니? (eat out)

➡ _____

02 그녀는 얼마나 오래 잠을 자니? (sleep)

➡ _____

03 그들은 버터를 얼마나 가지고 있니? (butter)

➡ _____

04 그 농구 선수는 키가 얼마나 크니? (basketball player)

➡ _____

Actual Test

[01-03] 다음 대화의 빈칸에 들어갈 알맞은 것을 고르시오.

01
   Ⓐ _____ does she learn Chinese?　　Ⓑ At school.

   ① Why　　② What　　③ Where　　④ When　　⑤ Who

02
   Ⓐ _____ is he painting?　　Ⓑ He is painting a rose.

   ① Why　　② What　　③ Where　　④ When　　⑤ Who

03
   Ⓐ _____ do you go hiking?　　Ⓑ Once a week.

   ① How far　　② How often　　③ How long　　④ How old　　⑤ How high

04 다음 빈칸에 들어갈 수 없는 것을 고르시오.

How many _____ does she have?

① books　　② pens　　③ toys　　④ time　　⑤ shoes

[05-06] 다음 대화의 빈칸에 알맞은 말이 바르게 짝지어진 것을 고르시오.

05
   Ⓐ _____ is her best friend?　　Ⓑ Her best friend is Tony.
   Ⓐ _____ do you do after school?　　Ⓑ I play soccer.
   Ⓐ _____ is bigger, a hippo or a lion?　　Ⓑ A hippo.

   ① What – What – Which　　　　　② What – Who – Who
   ③ Which – Who – What　　　　　④ Who – What – Which
   ⑤ Who – What – What

06
   Ⓐ _____ do you like her?　　Ⓑ Because she is cute.
   Ⓐ _____ does the game start?　　Ⓑ In ten minutes.

   ① Who – How　　　　　② Where – Why
   ③ When – How　　　　　④ Where – When
   ⑤ Why – When

07 다음 중 빈칸에 들어갈 의문사가 <u>다른</u> 하나를 고르시오.

① _____ is your favorite food?　② _____ time is it now?

③ _____ day is it today?　④ _____ does your mother do?

⑤ _____ much money does she have?

08 다음 빈칸에 공통으로 들어갈 알맞은 것을 고르시오.

· _____ is the weather today?

· _____ often do you go swimming?

· _____ much is the car?

① Which　　② Who　　③ What　　④ How　　⑤ Who

09 다음 대화에서 질문으로 알맞은 것을 고르시오.

Ⓐ _____

Ⓑ Because she is late for the concert.

① What is Susan doing?　② Why is Susan in a hurry?

③ Where is Susan?　④ When does she have a contest?

⑤ How does she do?

10 다음 대화에서 질문으로 알맞지 <u>않은</u> 것을 고르시오.

Ⓐ _____

Ⓑ It is 9 o'clock.

① What time do you have?　② Do you have time?　③ What time is it now?

④ What's the time?　⑤ Do you have the time?

11 다음 중 우리말을 올바르게 영작한 것을 고르시오.

① 그의 부모님은 어디에서 사시니? → Where do his parents lives?

② 너는 왜 졸리니? → When are you sleepy?

③ 그녀는 무슨 색을 좋아하니? → What color do she like?

④ 네가 가장 좋아하는 배우는 누구니? → Who is your favorite actor?

⑤ 너는 어떻게 도서관에 가니? → Where do you go to the library?

[12-13] 다음 문장의 틀린 부분을 바르게 고쳐 문장을 다시 쓰시오.

12 How many time do you have?

➡ _____

13 When does your vacation starts?

➡ _____

[14-16] 다음 주어진 말을 이용하여 우리말을 영작하시오.

14 네가 가장 좋아하는 계절은 무엇이니? (favorite season)

➡ _____

15 너는 어떻게 중국어를 공부하니? (Chinese)

➡ _____

16 너는 왜 눈 오는 날을 좋아하니? (snowy days)

➡ _____

[17-21] 다음 표를 보고 연주회에 대한 두 사람의 대화를 완성하시오.

Title	Pianist	Place	Time
Summer Piano Concert	Paul Green	Lotus Garden	Saturday, 6 p.m.–8 p.m.

17 Kate _____ is the title of the concert? Mark It's Summer Piano Concert.

18 Kate _____ plays the piano? Mark Paul Green plays the piano.

19 Kate _____ does the concert take place? Mark At Lotus Garden.

20 Kate _____ is the concert? Mark It's on Saturday.

21 Kate _____ does the concert last? Mark It lasts for two hours.

문법탄탄 WRITING

정답 및 해설

문장의 기본편 ❶

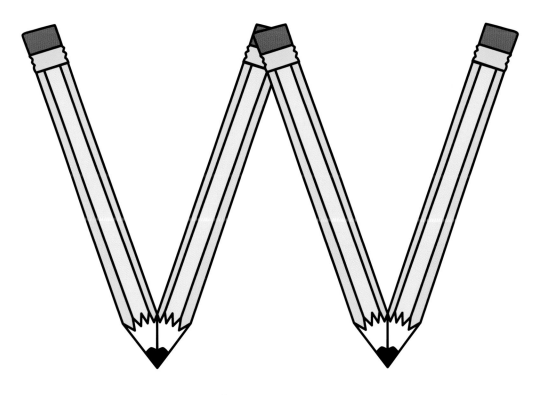

Happy House

문법탄탄

정답 및 해설

WRITING 1

문장의 기본편 1

Happy House

Chapter 01 be동사

Unit 01 be동사와 주격 인칭대명사

Grammar Practice I
p. 13

A
01 is	02 are	03 am	04 are
05 is	06 is	07 are	08 are
09 are	10 is	11 are	12 is
13 is	14 are		

B
01 are, You're	02 is, She's	03 are, They're
04 is, He's	05 is, It's	06 am, I'm
07 are, We're	08 are, You're	

A
01 그녀는 기술자이다.
02 너는 나의 가장 친한 친구이다.
03 나는 12살이다.
04 그들은 경찰들이다.
05 그것은 큰 도시이다.
06 그는 키가 크고 잘생겼다.
07 우리는 도서관에 있다.
08 그와 나는 반 친구이다.
09 그와 그녀는 영국 출신이다.
10 Baker 여사는 영어 선생님이다.
11 Sue와 Tim은 화가 나 있다.
12 나비 한 마리가 꽃 위에 있다.
13 너의 아버지는 친절하시다.
14 새 두 마리가 새장 안에 있다.

01 · 05 · 06 · 10 · 12 · 13 주어가 3인칭 단수일 때 be동사는 is를 쓴다. **02** 주어가 You일 때 be동사는 are를 쓴다. **03** 주어가 I일 때 be동사는 am을 쓴다. **04 · 07 · 08 · 09 · 11 · 14** 주어가 복수일 때 be동사는 are를 쓴다.

B
01 너희는 모범생들이다.
02 그녀는 이탈리아 출신이다.
03 그들은 교실에 있다.
04 그는 매우 빠르다.
05 그것은 만화책이다.
06 나는 피곤하고 졸리다.
07 우리는 학교에 늦었다.
08 당신은 영어 선생님이시다.

01 · 03 · 07 · 08 주어가 You, They, We일 때 be동사는 are를 쓰고, 축약형은 You're, They're, We're이다. **02 · 04 · 05** 주어가 She, He, It일 때 be동사는 is를 쓰고, 축약형은 She's, He's, It's이다. **06** 주어가 I일 때 be동사는 am을 쓰고, 축약형은 I'm이다.

Grammar Practice II
p. 14

A
01 He	02 It	03 They	04 We
05 You	06 She	07 They	08 He
09 It	10 She	11 They	

B
01 are	02 are	03 is	04 is
05 is	06 are	07 is	08 are
09 It's (= It is)	10 are	11 am	

A
01 Smith 씨는 영어 선생님이다. 그는 매우 잘생겼다.
02 그 배낭은 매우 크다. 그것은 무겁다.
03 Tim과 Mike는 형제이다. 그들은 꼭 닮았다.
04 Susan과 나는 동갑이다. 우리는 11살이다.
05 너와 그는 나의 방 친구들이다. 너희는 친하다.
06 나는 할머니가 있다. 그녀는 90세이다.
07 그 새들을 봐라. 그것들은 나무에 있다.
08 Tommy는 나의 새 친구이다. 그는 영리하다.
09 고양이 한 마리가 부엌에 있다. 그것은 배가 고프다.
10 Anderson 여사는 의사이다. 그녀는 매우 친절하다.
11 그와 그녀는 프랑스 출신이다. 그들은 서울에 있다.

01 · 08 남자 한 명은 He **02 · 09** 사물이나 동물 하나는 It **03 · 11** 나와 너를 제외한 두 명 이상은 They **04** 나를 포함한 두 명 이상은 We **05** 너를 포함한 두 명 이상은 You **06 · 10** 여자 한 명은 She **07** 둘 이상의 사물이나 동물은 They로 대신하여 쓴다.

B
01 너와 나는 한국인이다.
02 그와 그녀는 독일 출신이다.
03 원숭이 한 마리가 우리 안에 있다.
04 네 여동생은 최고의 가수이다.
05 그녀는 학교에 늦었다.
06 그것들은 나비들이다.
07 Karen은 12살이다.
08 벌들이 꽃 위에 있다.
09 그것은 매우 재미있다.
10 우리는 오늘 행복하다.
11 나는 모범생이다.

01 · 02 · 06 · 08 · 10 주어가 복수이므로 be동사는 are **03 · 04 · 05 · 07** 주어가 3인칭 단수이므로 be동사는 is **11** 주어가 I이므로 be동사는 am을 써야 한다. **09** It is의 축약형은 It's이다.

Prep Writing
p. 15

A
01 We, are	02 It, is	03 I, am
04 are, They, are	05 You, are	

B
01 She is a good cook.	02 I am busy today.
03 We are 13 years old.	04 Mr. Brown is an actor.
05 It is in the basket.	06 Your brother is very tall.
07 James and David are from Canada.	
08 You are my best friend.	

A **01** '우리는'은 주어이므로 We를 문장 맨 앞에 쓰고, 주어가 복수이므로 be동사는 are를 쓴다. **02** '그것은'은 주어이므로 It을 문장 맨 앞에 쓰고, 주어가 3인칭 단수이므로 be동사는 is를 쓴다. **03** '나는'은 주어이므로 I를 문장 맨 앞에 쓰고, be동사는 am을 쓴다. **04** 주어가 복수이므로 be동사는 are를 쓴다. Ken and Tom은 주격 They가 대신하고, 주어가 They일 때 be동사는 are를 쓴다. **05** '너는'은 주어이므로 You를 문장 맨 앞에 쓰고, be동사는 are를 쓴다.

B 보기 그는 매우 영리하다.
01 그녀는 훌륭한 요리사이다.
02 나는 오늘 바쁘다.
03 우리는 13살이다.
04 Brown 씨는 배우이다.
05 그것은 바구니 안에 있다.
06 네 남동생은 키가 매우 크다.
07 James와 David은 캐나다 출신이다.
08 너는 나의 가장 친한 친구이다.

01 · 04 · 05 · 06 주어가 3인칭 단수일 때 be동사는 is를 쓴다. **02** 주어가 I일 때 be동사는 am을 쓴다. **03 · 07** 주어가 복수일 때 be동사는 are를 쓴다. **08** 주어가 You일 때 be동사는 are를 쓴다.

Sentence Writing

p. 16

A
01 It is very delicious.
02 You are good baseball players.
03 Seoul is a beautiful city.
04 The students are in the classroom.

B
01 They are in the swimming pool.
02 James is a famous actor.
03 Your sister is my best friend.
04 Rome is in Italy.
05 We are the same age.

`
A 01 주어 It이 문장 맨 앞에 오고, 다음에 be동사 is가 오고, be동사 다음에 주어를 설명하는 말이 온다. **02** 주어 You가 문장 맨 앞에 오고, 다음에 be동사 are가 온다. **03** 주어 Seoul이 문장 맨 앞에 오고, 다음에 be동사 is가 온다. **04** 주어 The students가 문장 맨 앞에 오고, 다음에 be동사 are가 온다. be동사 뒤에 장소를 나타내는 표현이 온다.

B 01 '그들은'은 주어로 They로 문장을 시작하고, '~에 있다'는 동사로 are가 주어 뒤에 오며, be동사 뒤에 장소를 나타내는 표현이 온다. **02** 'James는' 주어로 문장 맨 앞에 오고, '~이다'는 동사로 is가 주어 뒤에 오며, 주어 James를 설명하는 말이 be동사 뒤에 온다. **03** '네 여동생은'은 주어로 Your sister로 문장을 시작하고, '~이다'는 동사로 is가 주어 뒤에 오며, 주어를 설명하는 말이 be동사 뒤에 온다. **04** '로마는'은 주어로 Rome으로 문장을 시작하고, '~에 있다'는 동사로 is가 주어 뒤에 오며, 위치를 나타내는 표현이 be동사 뒤에 온다. **05** '우리는'은 주어로 We로 문장을 시작하고, '~이다'는 동사로 are가 주어 뒤에 오며, 주어를 설명하는 말이 be동사 뒤에 온다.

Self-Study

p. 17

A
01 are 02 is 03 I
04 They, are 05 are, We

B
01 He, she, are 02 I, am 03 is, It's

C
01 You are honest and smart.
02 The cat is in the garden.
03 He and she are Chinese.
04 They are very busy today.

A 01 그것들은 비행기들과 기차들이다.
02 소방차는 빨간색이다.
03 나는 키가 크고 말랐다.
04 그 원숭이들을 봐. 그것들은 웃긴다.
05 Sue와 나는 12살이다. 우리는 친구이다.

01 주어가 복수(They)이므로 be동사는 are가 온다. **02** 주어가 3인칭 단수(A fire truck)이므로 be동사는 is가 온다. **03** be동사 am 앞에는 주어 I가 와야 한다. **04** 둘 이상의 동물은 대명사 They로 대신하여 쓰고, 주어가 복수(They)이므로 be동사는 are가 온다. **05** 주어가 복수(Sue and I)이므로 be동사는 are가 온다. 나를 포함한 두 명 이상을 대신하는 대명사의 주격은 We이다.

B 01 '그와 그녀는'은 주어로 He and she, 주어가 복수이므로 be동사는 are를 쓴다. **02** '나는'은 주어로 I, 동사는 am을 쓴다. **03** 주어가 3인칭 단수(Switzerland)이므로 be동사는 is를 쓴다. 한 개의 사물을 It으로 대신하여 쓰는데, 빈칸이 하나이므로 It is의 축약형 It's를 쓴다.

C 01 '너희는'은 주어로 You로 문장을 시작하고, be동사 are가 주어 뒤에 오고, 주어를 설명하는 말이 be동사 뒤에 온다. **02** '그 고양이는'은 주어로 The cat으로 문장을 시작하고, be동사 is가 주어 뒤에 오고, 장소를 나타내는 표현이 be동사 뒤에 온다. **03** '그와 그녀는'은 주어로 He and she로 문장을 시작하고, be동사 are가 주어 뒤에 오고, 주어를 설명하는 말이 be동사 뒤에 온다. **04** '그들은'은 주어로 They로 문장을 시작하고, be동사 are가 주어 뒤에 오고, 주어를 설명하는 말이 be동사 뒤에 온다.

Unit 02 be동사의 부정문과 의문문

Grammar Practice I

p. 19

A
01 is not 02 are not 03 Are you
04 Am I 05 Is he 06 isn't
07 Is 08 is not 09 Are
10 I 11 we, are 12 they, aren't

B
01 I, am 02 they, are 03 he, isn't
04 it, isn't 05 you, aren't 06 they, are
07 she, is 08 it, is 09 she, isn't
10 he, isn't

A 01 그녀는 간호사가 아니다.
02 그것들은 재미없다.
03 당신이 Brown 씨인가요?
04 내가 키가 작니?
05 그는 영어 선생님이니?
06 그는 차 안에 없다.
07 너의 어머니는 집에 계시니?
08 거북이는 빠르지 않다.
09 그와 그녀는 12살이니?
10 나는 중국 출신이 아니다.
11 너희는 축구 선수이니? 네, 그렇습니다.
12 그 가방들은 비싼가요? 아니요, 그렇지 않습니다.

01 · 06 · 08 주어가 3인칭 단수일 때 be동사의 부정문은 is 뒤에 not이 온다. **02** 주어가 복수일 때 be동사의 부정문은 are 뒤에 not이 온다. **03** 주어가 you일 때 be동사의 의문문은 Are가 주어 앞에 온다. **04** 주어가 I일 때 be동사의 의문문은 Am이 I 앞에 와서 Am I가 된다. **05 · 07** 주어가 3인칭 단수일 때 be동사의 의문문은 Is가 주어 앞에 온다. **09** 주어가 복수일 때 be동사의 의문문은 Are가 주어 앞에 온다. **10** 주어가 I일 때 be동사의 부정문은 am 뒤에 not이 온다. **11** 2인칭 복수인 you로 물으면 we로 대답한다. **12** 복수명사 주어로 물으면 they로 대답한다.

B 01 너는 신입생이니? 네, 그렇습니다.
02 그 동물들을 봐. 그것들은 쥐들이니? 응, 그래.
03 그는 조정사이니? 아니, 그렇지 않아.
04 그것은 탁자 위에 있니? 아니, 그렇지 않아.
05 내가 틀렸니? 아니, 그렇지 않아.
06 당신의 학생들은 교실에 있나요? 네, 그렇습니다.
07 네 여동생은 예쁘니? 응, 그래.
08 서울은 한국의 수도이니? 응, 그래.
09 Anderson 여사는 캐나다 사람이니? 아니, 그렇지 않아.
10 너의 삼촌은 아프시니? 아니, 그렇지 않아.

01 2인칭 단수 you로 물으면 I로 대답하고, Yes 뒤에서는 긍정으로 대답한다. **02** they로 물으면 they로 대답한다. **03** he로 물으면 he로 대답하고, No 뒤에서는 부정으로 대답한다. **04** it으로 물으면 it으로 대답한다. **05** I로 물으면 you로 대답한다. **06** 복수명사 주어로 물으면 they로 대답한다. **07 · 09** 주어가 여자 한 명일 때 she로 대답한다. **08** 단수명사 주어로 물으면 it으로 대답한다. **10** 주어가 남자 한 명일 때 he로 대답한다.

Grammar Practice II

p. 20

A
01 am not 02 are not (= aren't)
03 Is 04 Are
05 are not (= aren't) 06 is not (= isn't)
07 Is 08 are
09 is 10 you are

B
01 They are not (= aren't) airplanes.
02 I am not (= I'm not) angry now.

4

03 It is not (= isn't) in the kitchen.
04 Is Seoul a big city?
05 Are the tomatoes fresh?
06 Are he and she at the movie theater?

A 01 나는 13살이 아니다.
02 우리는 1층에 없다.
03 너의 학교는 공원 근처에 있니?
04 너는 오늘 피곤하니?
05 그들은 배가 고프지 않다.
06 James는 나의 가장 친한 친구가 아니다.
07 너의 삼촌은 기술자이시니?
08 너와 나는 게으르지 않다.
09 그는 일본 출신이니? 응, 그래.
10 내가 키가 크니? 응, 그래.

01 am not은 줄여서 쓸 수 없다. 02 be동사의 부정문은 be동사 뒤에 not이 온다. 03 · 07 주어가 3인칭 단수인 be동사의 의문문으로 Is가 문장 맨 앞에 온다. 04 주어가 you인 be동사의 의문문으로 Are가 문장 맨 앞에 온다. 05 · 08 주어가 복수인 be동사의 부정문으로 are 뒤에 not이 온다. 06 주어가 3인칭 단수(James)인 be동사의 부정문으로 is 뒤에 not이 온다. 09 he로 물으면 he로 대답하고, be동사는 is가 온다. 10 I로 물으면 you로 대답하고, be동사는 are가 온다.

B 01 그것들은 비행기들이다. → 그것들은 비행기들이 아니다.
02 나는 지금 화가 나 있다. → 나는 지금 화가 나 있지 않다.
03 그것은 부엌에 있다. → 그것은 부엌에 없다.
04 서울은 큰 도시이다. → 서울은 큰 도시이니?
05 그 토마토들은 신선하다. → 그 토마토들은 신선하니?
06 그와 그녀는 영화관에 있다. → 그와 그녀는 영화관에 있니?

01 · 02 · 03 be동사가 있는 문장을 부정문으로 바꾸려면 be동사 뒤에 not을 쓴다. 04 · 05 · 06 be동사가 있는 문장을 의문문으로 바꾸려면 be동사를 주어 앞에 쓴다.

Prep Writing
p. 21

A 01 It, is, not   02 Are, you   03 We, are, not
04 Is, it   05 She, is, not

B 01 John and I are not (= aren't) in the first grade.
02 She is not (= isn't) a queen.
03 Is it your umbrella?
04 Are you in the living room?
05 Are they famous pianists?

A 01 '그것은'은 It, 주어가 3인칭 단수이므로 be동사는 is, 부정문은 is 다음에 not을 쓴다. 02 '너는'은 you, be동사는 are, 의문문이므로 Are가 주어 앞에 온다. 03 '우리는'은 We, 주어가 복수이므로 be동사는 are, 부정문은 are 다음에 not을 쓴다. 04 '그것은'은 it, 주어가 3인칭 단수이므로 be동사는 is, 의문문이므로 Is가 주어 앞에 온다. 05 '그녀는'은 She, 주어가 3인칭 단수이므로 be동사는 is, 부정문은 is 다음에 not을 쓴다.

B 보기 그는 갈증이 나지 않는다.
01 John과 나는 1학년이 아니다.
02 그녀는 여왕이 아니다.
03 그것은 너의 우산이니?
04 너는 거실에 있니?
05 그들은 유명한 피아니스트들이니?

01 주어는 John and I, 주어가 복수이므로 be동사는 are, 부정문은 are not (= aren't)을 쓴다. 02 주어는 She, 주어가 3인칭 단수이므로 be동사는 is, 부정문은 is not (= isn't)을 쓴다. 03 주어는 it, 주어가 3인칭 단수이므로 be동사는 is, 의문문이므로 Is가 문장 맨 앞에 온다. 04 주어는 you, be동사는

are, 의문문이므로 Are가 문장 앞에 온다. 05 주어는 they, 주어가 복수이므로 be동사는 are, 의문문이므로 Are가 문장 맨 앞에 온다.

Sentence Writing
p. 22

A 01 He is not a wise king.
02 The children are not on the playground.
03 Are you cold and hungry?
04 Is she from England? Yes, she is.

B 01 It is not (= isn't) my pet.
02 I am not (= I'm not) sleepy today.
03 We are not (= aren't) twins.
04 Is your sister in the garden? Yes, she is.
05 Are you and Kate high school students?
No, we are not (= aren't).

A 01 '그는'은 주어로 He로 문장을 시작하고, be동사의 부정문으로 is not이 주어 뒤에 오고, 그 뒤에 주어를 설명하는 말이 온다. 02 '그 아이들은'은 주어로 The children으로 문장을 시작하고, be동사의 부정문으로 are not이 주어 뒤에 오고, 그 뒤에 위치를 나타내는 표현이 온다. 03 '너희는'은 주어 you, be동사는 are, be동사의 의문문이므로 Are가 주어 앞에 온다. 04 '그녀는'은 주어 she, be동사는 is, be동사의 의문문이므로 Is가 주어 앞에 온다. 대답은 「Yes, 주어 + be동사」의 순이다.

B 01 '그것은'은 주어로 It으로 문장을 시작하고, be동사의 부정문으로 not을 is 뒤에 쓴다. 02 '나는'은 주어로 I로 문장을 시작하고, be동사의 부정문으로 not을 am 뒤에 쓴다. 03 '우리는'은 주어로 We로 문장을 시작하고, be동사의 부정문으로 not을 are 뒤에 쓴다. 04 be동사의 의문문으로 be동사를 주어 앞에 쓴다. 주어가 여자 한 명일 때 she로 대답한다. 05 be동사의 의문문으로 be동사를 주어 앞에 쓴다. 주어가 나를 포함한 두 명 이상으로 we로 대답한다.

Self-Study
p. 23

A 01 is not   02 Are they   03 am not   04 isn't
05 it, is

B 01 She, is, not   02 Are, they, they, are
03 Is, he, isn't

C 01 He is not (= isn't) in the gym.
02 Are you an artist? Yes, I am.
03 It is not (= isn't) a camel.
04 Are they from New Zealand? No, they are not (= aren't).

A 01 그녀는 아이가 아니다.
02 그들은 방 안에 있니?
03 나는 영국 출신이 아니다.
04 그는 소방관이 아니다.
05 내 셔츠는 탁자 위에 있니? 응, 그래.

01 be동사의 부정문은 not이 be동사 뒤에 온다. 02 be동사의 의문문은 be동사가 주어 앞에 온다. 03 주어가 I일 때 be동사는 am을 쓰는데, 부정문은 am not이다. 04 주어가 3인칭 단수일 때 be동사는 is, 부정문은 is not (= isn't)이다. 05 주어가 단수명사이면 it으로 대답한다.

B 01 '그녀는'은 주어로 She, 주어가 3인칭 단수이므로 be동사는 is가 와야 하는데 부정문이므로 is 뒤에 not을 쓴다. 02 '그들은'은 주어로 they, be동사의 의문문이므로 be동사 Are가 주어 앞에 온다. they로 물으면 they로 대답한다. 03 '네 남동생은'은 주어로 your brother, be동사의 의문문으로 be동사 Is가 주어 앞에 온다. your brother로 물으면 he로 대답한다.

C 01 '그는'은 주어로 He로 문장을 시작하고, be동사의 부정문으로 not을 be동사 뒤에 쓴다. 02 be동사의 의문문은 be동사로 시작하는데, '당신이'이 주어로 Are로 문장을 시작한다. artist 앞에는 an을 쓴다. 03 '그것은'은 주어로 It으로

문장을 시작하고, be동사의 부정문으로 is not (= isn't)이 오고 뒤에 단수명사가 온다. **04** be동사의 의문문은 be동사로 시작하는데, '그들은'이 주어로 Are가 문장 맨 앞에 온다. they로 물으면 they로 대답한다.

물음표(?)를 쓴다. ⑤ are not → am not

Actual Test
pp. 24~26

01 ⑤ **02** ③ **03** ⑤ **04** ③ **05** ① **06** ⑤ **07** ② **08** ④
09 ⑤ **10** ⑤ **11** ④ **12** ② **13** ③ **14** ⑤
15 is, is, am, is, is, are, are **16** The puppies are not at home.
17 I am not (= I'm not) a famous singer.
18 Is it a free ticket? Yes, it is. **19** I, am, not, I, am, I, am
20 is, She, is, She, isn't, She, is

01 그녀는 컴퓨터 프로그래머이다.
주어가 3인칭 단수이므로 be동사는 is가 온다.

02 그 꽃들을 봐라. 그것들은 장미꽃들이니?
the flowers는 복수명사로 대명사 they로 대신하여 쓴다.

03 그는/Tommy는/그것은/그녀는 1층에 없다.
be동사의 부정인 isn't가 있으므로 주어 자리에 You는 올 수 없다.

04 그와 그녀는/너희는/그들은/우리는 같은 반이니?
be동사의 의문문에서 Are가 문장 맨 앞에 올 때 주어 자리에 단수명사인 your sister는 올 수 없다.

05 나의 부모님은 제주도에 계시고, 나는 서울에 있다.
주어가 복수명사(My parents)일 때 be동사는 are, 주어가 I일 때 be동사는 am이 온다.

06 우리는 학교에 늦지 않았다. 그녀는 학교에 늦었다.
주어가 We일 때 be동사 are가 오거나 부정문으로 are not (= aren't)이 올 수 있다. 주어가 She일 때 be동사 is가 오거나 부정문으로 is not (= isn't)이 올 수 있다.

07 A: 당신은 간호사입니까? **B**: 네, 그렇습니다.
2인칭 단수인 you로 물으면 I로 대답하고, Yes 다음에는 「주어 + be동사」 순으로 온다.

08 A: 네 남동생은 군인이니? **B**: 아니, 그렇지 않아. 그는 경찰관이야.
your brother로 물었으므로 he로 대답하고, No 다음에는 「주어 + be동사 + not」 순으로 온다.

09 ① 그는 소방관이다.
② 그들은 캐나다 출신이다.
③ 우리는 12살이 아니다.
④ 그것은 곰이다.
⑤ 나는 수줍음을 많이 타지 않는다.
⑤ amn't → am not

10 ① 나는 5학년이다.
② 그녀는 키가 크지 않다.
③ Brown 씨는 기술자이니?
④ 그 코끼리들은 작지 않다.
⑤ 네 남동생은 초등학생이니?
⑤ Are → Is

11 ① 그 노래가 매우 좋다. → 그 노래가 매우 좋니?
② 너(희)는 게으르다. → 너(희)는 게으르지 않다.
③ 그들은 도서관에 있다. → 그들은 도서관에 있니?
④ 런던은 아름다운 도시이다. → 런던은 아름다운 도시이니?
⑤ 나는 사업가이다. → 나는 사업가가 아니다.
① Are → Is ② not are → are not ③ . → ? 의문문은 문장 끝에

12 ② are → is
주어가 3인칭 단수(He)이므로 be동사는 is를 써야 한다.

13 ③ she → it
주어가 한 개의 사물인 your suitcase로 묻고 있으므로 대답은 it으로 한다.

14 ⑤ is → are
주어가 복수(He and she)이므로 be동사는 are가 와야 한다.

15 Sally는 나의 가장 친한 친구다. 그녀는 14살이다. 나도 또한 14살이다. 그녀의 아버지는 사업가이시다. 나의 아버지는 선생님이시다. Sally와 나는 중학생이다. 우리는 지금 같은 반이다.
주어가 3인칭 단수인 Sally, She, Her father, My father일 때 be동사는 is, 주어가 I일 때 be동사는 am, 주어가 복수인 Sally and I, We일 때 be동사는 are가 온다.

16 '그 강아지들은'은 주어로 The puppies로 문장을 시작하고, 주어가 복수인 be동사의 부정문이므로 are not (= aren't)을 쓴다.

17 '나는'은 주어로 I, 주어가 I인 be동사의 부정문이므로 am not을 쓴다. I am을 줄여서 I'm으로 쓸 수 있다.

18 it이 주어인 be동사의 의문문으로 Is가 주어 앞에 온다.

19 내 이름은 Brian이다. 나는 수줍음을 많이 타지 않는다. 나는 웃기다. 나는 키가 크고 말랐다.
글쓴이가 Brian이므로 Brian은 I로 대신하여 쓴다. 주어가 I일 때 be동사는 am을 쓰고, 부정문은 am not이다.

20 Sarah는 내 여동생이다. 그녀는 수다스럽다. 그녀는 키가 작지 않다. 그녀는 귀엽다.
Sarah는 여자 한 명이므로 She로 대신하여 쓴다. 주어가 She일 때 be동사는 is를 쓰고, 부정문은 is not (= isn't)이다.

Chapter 02 일반동사

Unit 03 일반동사의 현재형

Grammar Practice I
p. 29

A 01 works 02 play 03 wash 04 cries
05 look 06 go 07 likes 08 move
09 go 10 has

B 01 studies 02 do 03 takes 04 have
05 likes 06 opens 07 look 08 help
09 teaches 10 stays 11 flies 12 brushes

A 01 그녀는 병원에서 일한다.
02 그들은 방과 후에 축구를 한다.
03 나는 아침에 머리를 감는다.
04 그 아기는 밤마다 운다.
05 너는 매우 졸려 보인다.
06 우리는 10시에 잠자리에 든다.
07 그것은 우유와 치즈를 좋아한다.
08 거북이들은 느리게 움직인다.
09 나의 부모님은 일요일에 교회에 가신다.
10 Jenny는 정오에 점심을 먹는다.

01·04·07 주어가 3인칭 단수일 때 동사원형에 -(e)s를 붙인다. '자음 + -y'로 끝나는 cry는 y를 i로 바꾸고 -es를 붙인다. 02·03·05·06·08·09 주어가 1인칭, 2인칭, 복수일 때 일반동사의 동사원형을 쓴다. 10 have는 불규칙하게 변하는 동사로 주어가 3인칭 단수일 때 has를 쓴다.

B 01 그는 매일 영어를 공부한다.
02 우리는 방과 후에 숙제를 한다.
03 그녀는 매일 아침 산책을 한다.
04 그들은 많은 책을 가지고 있다.
05 나는 개가 한 마리 있다. 그것은 뼈다귀를 매우 좋아한다.
06 그 가게는 오전 10시에 문을 연다.
07 너는 피곤하고 배가 고파 보인다.
08 Karen과 Chris는 서로 돕는다.
09 Anderson 여사는 학교에서 수학을 가르친다.
10 Baker 씨는 뉴욕에 머문다.
11 독수리는 매우 높이 난다.
12 내 여동생은 이를 잘 닦는다.

01·03·05·06·09·10·11·12 주어가 3인칭 단수일 때 동사원형에 -(e)s를 붙인다. study, fly는 '자음 + -y'로 끝나는 동사로 y를 i로 바꾸고 -es를 붙인다. teach, brush는 -ch, -sh로 끝나는 동사로 -es를 붙인다. 02·04·07·08 주어가 1인칭, 2인칭, 복수일 때 일반동사의 동사원형을 쓴다.

Grammar Practice II
p. 30

A 01 has 02 does 03 plays 04 watch
05 tries 06 drink 07 rises 08 runs
09 wash 10 talk

B 01 We study math hard.
02 Chris lives in a small town.
03 My mother mixes flour and water.
04 She does the dishes after dinner.
05 Giraffes have long legs.
06 Ken and Penny play computer games after school.

A 01 그녀는 가족과 함께 아침을 먹는다.
02 Mary는 매 식사 후에 설거지를 한다.
03 그는 주말마다 플루트를 연주한다.
04 그들은 TV에서 뉴스를 본다.
05 그는 최선을 다한다.
06 그와 그녀는 오후에 커피를 마신다.
07 태양은 동쪽에서 뜬다.
08 치타는 매우 빨리 달린다.
09 나는 아침에 세수한다.
10 Jenny와 Sam은 전화통화를 한다.

01 have는 불규칙하게 변하는 동사로 주어가 3인칭 단수일 때 has를 쓴다. 02·03·05·07·08 주어가 3인칭 단수이므로 동사원형에 -(e)s를 붙인다. -o로 끝나는 동사 do는 -es를 붙인다. '자음 + -y'로 끝나는 try는 y를 i로 바꾸고 -es를 붙인다. '모음 + -y'로 끝나는 동사 play는 -s만 붙인다. 04·06·09·10 주어가 1인칭, 2인칭, 복수일 때 일반동사의 동사원형을 쓴다.

B 01 그 소년은 수학을 열심히 공부한다. → 우리는 수학을 열심히 공부한다.
02 나는 작은 도시에서 산다. → Chris는 작은 도시에서 산다.
03 너는 밀가루와 물을 섞는다. → 나의 어머니는 밀가루와 물을 섞으신다.
04 그들은 저녁을 먹은 후에 설거지를 한다. → 그녀는 저녁을 먹은 후에 설거지를 한다.
05 그것은 다리가 길다. → 기린은 다리가 길다.
06 그는 방과 후에 컴퓨터 게임을 한다. → Ken과 Penny는 방과 후에 컴퓨터 게임을 한다.

01·05·06 주어가 복수이므로 동사를 일반동사의 동사원형으로 바꾸어 쓴다. 02 주어가 3인칭 단수(Chris)이므로 동사원형 live에 -s를 붙인다. 03 주어가 3인칭 단수(My mother)이므로 동사원형 mix에 -es를 붙인다. 04 주어가 3인칭 단수(She)이므로 동사원형 do에 -es를 붙인다.

Prep Writing
p. 31

A 01 ride 02 stays 03 goes
04 has, looks 05 gets, studies

B 01 They do their homework.
02 Your brother watches TV.
03 It has short ears.
04 The child flies a kite.
05 I study science hard.
06 The baker mixes eggs and milk.
07 A bat lives in a cave.
08 You look healthy.

A 01 주어가 1일 때 일반동사의 동사원형이 온다. 02·03·04·05 주어가 3인칭 단수일 때 동사원형에 -(e)s를 붙인다. look, get, '모음 + -y'로 끝나는 stay는 동사원형에 -s를 붙이고, -o로 끝나는 동사 go는 -es를 붙인다. '자음 + -y'로 끝나는 동사 study는 y를 i로 바꾸고 -es를 붙인다. have는 불규칙하게 변하는 동사로 주어가 3인칭 단수일 때 has를 쓴다.

B 보기 그녀는 바이올린을 연주한다.
01 그들은 숙제를 한다.
02 네 남동생은 TV를 본다.
03 그것은 귀가 짧다.
04 그 아이는 연을 날린다.
05 나는 과학을 열심히 공부한다.
06 그 제빵사는 달걀과 우유를 섞는다.
07 박쥐는 동굴에서 산다.
08 너는 건강해 보인다.

01·05·08 주어가 1인칭, 2인칭, 복수일 때 일반동사의 동사원형이 온다. 02·04·06·07 주어가 3인칭 단수일 때 동사원형에 -(e)s를 붙인다. watch, mix처럼 -ch, -x로 끝나는 동사는 -es를 붙이고, fly처럼 '자음 + -y'로 끝나는

동사는 y를 i로 바꾸고 -es를 붙인다. **03** have는 불규칙하게 변하는 동사로 주어가 3인칭 단수일 때 has를 쓴다.

Sentence Writing   p. 32

A   **01** We wash our hands before meals.
    02 The baby cries at night.
    03 Mary goes to school at 8:30.
    04 My father teaches science at school.

B   **01** He drinks two glasses of milk every day.
    02 She brushes her teeth three times a day.
    03 We use computers every day.
    04 James gets up late on weekends.
    05 My uncle lives on an island.

A   **01** '우리는'이 주어로 We로 문장을 시작하고, 동사 wash가 주어 뒤에 오고, 목적어 our hands가 동사 뒤에 온다. **02** '그 아기는'이 주어로 The baby로 문장을 시작하고, 동사 cries가 주어 뒤에 온다. **03** Mary가 주어로 문장 맨 앞에 오고, 다음에 동사 goes가 온다. 동사 뒤에는 「장소 + 시간」 순으로 쓴다. **04** '나의 아버지는'이 주어로 My father로 문장을 시작하고, 동사 teaches가 주어 뒤에 오며, 목적어 science가 동사 뒤에 온다. 장소 부사구는 문장 맨 뒤에 온다.

B   **01** '그는'은 주어 He, '마신다'는 동사로 drink인데, 주어가 3인칭 단수이므로 동사원형 drink에 -s를 붙인 drinks를 쓴다. **02** '그녀는'은 주어 She, '닦는다'는 동사로 brush인데, 주어가 3인칭 단수이므로 동사원형 brush에 -es를 붙인 brushes를 쓴다. **03** '우리는'은 주어 We, '사용한다'는 동사로 use인데, 주어가 복수이므로 동사원형 use를 쓴다. **04** 'James는'은 주어 James, '일어난다'는 동사로 get up인데, 주어가 3인칭 단수이므로 동사원형 get에 -s를 붙인 gets를 쓴다. **05** '나의 삼촌은'은 주어 My uncle, '사신다'는 동사로 live인데, 주어가 3인칭 단수이므로 동사원형 live에 -s를 붙인 lives를 쓴다.

Self-Study   p. 33

A   **01** comes   **02** flies   **03** teaches
    04 have, means   **05** eat, watch

B   **01** watches   **02** has   **03** goes, studies

C   **01** I know your parents.
    02 The restaurant closes on Monday.
    03 Your grandmother looks young.
    04 He does his homework after school.

A   **01** 그녀는 3시 30분에 집에 온다.
    02 제트 비행기는 매우 빨리 난다.
    03 Smith 씨는 초등학교에서 아이들을 가르친다.
    04 나는 네 잎 클로버를 가지고 있다. 그것은 행운을 의미한다.
    05 우리는 7시에 저녁을 먹는다. 우리는 저녁을 먹은 후에 TV를 본다.

01 · 02 · 03 주어가 3인칭 단수일 때 동사원형에 -(e)s를 붙인다. teach처럼 -ch로 끝나는 동사는 -es를 붙이고, fly처럼 '자음 + -y'로 끝나는 동사는 y를 i로 바꾸고 -es를 붙인다. **04** 주어가 I일 때 동사원형 have가 오고, 주어가 3인칭 단수(It)이므로 동사원형 mean에 -s를 붙인 means가 온다. **05** 주어가 복수일 때 일반동사의 동사원형이 온다.

B   **01 · 03** 주어가 3인칭 단수일 때 동사원형에 -(e)s를 붙인다. watch, go처럼 -ch, -o로 끝나는 동사는 -es를 붙이고, study처럼 '자음 + -y'로 끝나는 동사는 y를 i로 바꾸고 -es를 붙인다. **02** have는 불규칙하게 변하는 동사로 주어가 3인칭 단수일 때 has를 쓴다.

C   **01** '나는'은 주어 I, '안다'는 동사로 know인데 주어가 I이므로 동사원형 know를 쓴다. **02** '그 식당은'은 주어 The restaurant, '닫는다'는 동사로 close인데 주어가 3인칭 단수이므로 동사원형 close에 -s를 붙인 closes를 쓴다. **03** '너의 할머니는'은 주어 Your grandmother, '보이신다'는 동사로 look인데 주어가 3인칭 단수이므로 동사원형 look에 -s를 붙인 looks를 쓴다. **04** '그는'은 주어 He, '한다'는 동사로 do인데 주어가 3인칭 단수이므로 동사원형 do에 -es를 붙인 does를 쓴다.

Unit 04   일반동사의 부정문과 의문문

Grammar Practice I   p. 35

A   **01** doesn't   **02** don't   **03** do
    04 Do   **05** do not   **06** don't, feel
    07 Does, cry   **08** Do, live   **09** Does, help
    10 Does, come   **11** Do, do

B   **01** do   **02** does   **03** doesn't
    04 don't   **05** does   **06** Does, doesn't
    07 Do, do   **08** Do, don't   **09** Do, do
    10 Does, does

A   **01** 그녀는 드럼을 잘 치지 못한다.
    02 그들은 집이 없다.
    03 그는 숙제를 하지 않는다.
    04 너는 버스로 학교에 가니?
    05 나는 영어를 가르치지 않는다.
    06 우리는 오늘 행복하지 않다.
    07 그 아기는 밤에 우니?
    08 그들은 부산에 사니?
    09 Jenny는 그녀의 어머니를 도와주니?
    10 Brown 씨는 프랑스 출신이니?
    11 너는 그 가수를 아니? 응, 그래.

01 · 03 주어가 3인칭 단수일 때 일반동사의 부정문은 does not (= doesn't)을 동사원형 앞에 쓴다. **02 · 05 · 06** 주어가 1인칭이거나 복수일 때 일반동사의 부정문은 do not (= don't)을 동사원형 앞에 쓴다. **07 · 09 · 10** 주어가 3인칭 단수일 때 일반동사의 의문문은 Does를 주어 앞에 쓰고, 주어 뒤에 동사원형을 쓴다. **04 · 08 · 11** 주어가 you이거나 복수일 때 일반동사의 의문문은 Do를 주어 앞에 쓰고, 주어 뒤에 동사원형을 쓴다. Do로 물어보는 의문문은 do로 대답한다.

B   **01** 우리는 스페인어를 하지 못한다.
    02 그 도서관은 5시에 문을 닫지 않는다.
    03 Mary는 아침 일찍 일어나지 않는다.
    04 그 아이들은 TV를 보지 않는다.
    05 그녀는 그 질문에 대답하지 못한다.
    06 그는 인터넷 검색을 하고 있니? 아니, 그렇지 않아.
    07 토끼들은 귀가 기니? 응, 그래.
    08 그들은 아이스하키를 하니? 아니, 그렇지 않아.
    09 너는 부모님과 함께 사니? 응, 그래.
    10 너의 이모는 매일 비타민을 드시니? 응, 그래.

01 · 04 주어가 복수일 때 일반동사의 부정문은 do not (= don't)을 동사원형 앞에 쓴다. **02 · 03 · 05** 주어가 3인칭 단수일 때 일반동사의 부정문은 does not (= doesn't)을 동사원형 앞에 쓴다. **07 · 08 · 09** 주어가 you이거나 복수일 때 일반동사의 의문문은 Do를 주어 앞에 쓴다. Do로 물어보는 의문문은 do로 대답한다. **06 · 10** 주어가 3인칭 단수일 때 일반동사의 의문문은 Does를 주어 앞에 쓰고, 주어 뒤에 동사원형을 쓴다. Does로 물어보는 의문문은 does로 대답한다.

A
01 doesn't 02 have 03 does
04 don't 05 do not 06 Does
07 Does 08 do 09 watch
10 Does, doesn't

B
01 He does not (= doesn't) ride his bike on Sunday.
02 She does not (= doesn't) go to bed at 9.
03 We do not (= don't) like pizza and spaghetti.
04 Does the bird fly high in the sky?
05 Do they live in a cave?
06 Does the apple taste good?

A 01 그는 매일 아침 공원에 가지 않는다.
02 Penny는 고양이 두 마리를 가지고 있지 않다.
03 그것은 냄새가 좋지 않다.
04 나의 부모님은 도시에서 살지 않으신다.
05 너는 행복해 보이지 않는다.
06 너의 아버지는 은행에서 일하시니?
07 Jerry는 매 식사 후에 이를 닦니?
08 너는 친한 친구가 있니? 응, 그래.
09 Kelly는 집에서 TV를 보니? 아니, 그렇지 않아.
10 사막에는 눈이 오니? 아니, 그렇지 않아.

01 주어가 3인칭 단수(He)일 때 일반동사의 부정문은 does not (= doesn't)을 쓴다. 02 doesn't 뒤에는 동사원형이 온다. 03 주어가 3인칭 단수(It)일 때 일반동사의 부정문은 does not을 동사원형 앞에 쓴다. 04 · 05 주어가 복수이거나 You일 때 일반동사의 부정문은 do not (= don't)을 동사원형 앞에 쓴다. 06 · 07 주어가 3인칭 단수일 때 일반동사의 의문문은 Does를 주어 앞에 쓴다. 08 Do로 물어보는 의문문은 do로 대답한다. 09 Does로 시작하는 의문문에서 주어 뒤에는 동사원형이 온다. 10 주어가 3인칭 단수(it)일 때 일반동사의 의문문은 Does를 주어 앞에 쓰고, Does로 물어보는 의문문은 does로 대답한다.

B 01 그는 일요일에 자전거를 탄다. → 그는 일요일에 자전거를 타지 않는다.
02 그녀는 9시에 잠자리에 든다. → 그녀는 9시에 잠자리에 들지 않는다.
03 우리는 피자와 스파게티를 좋아한다.
→ 우리는 피자와 스파게티를 좋아하지 않는다.
04 그 새는 하늘 높이 난다. → 그 새는 하늘 높이 나니?
05 그들은 동굴에서 산다. → 그들은 동굴에서 사니?
06 그 사과는 맛이 좋다. → 그 사과는 맛이 좋니?

01 · 02 주어가 3인칭 단수일 때 일반동사의 부정문은 does not (= doesn't)을 동사원형 앞에 쓴다. 03 주어가 복수일 때 일반동사의 부정문은 do not (= don't)을 동사원형 앞에 쓴다. 04 · 06 주어가 3인칭 단수일 때 일반동사의 의문문은 Does를 주어 앞에 쓰고, 주어 뒤에 동사원형을 쓰며, 맨 뒤에 물음표를 붙인다. 05 주어가 복수일 때 일반동사의 의문문은 Do를 주어 앞에 쓰고, 주어 뒤에 동사원형을 쓰며, 맨 뒤에 물음표를 붙인다.

A 01 doesn't, like 02 doesn't, have 03 don't, listen
04 Do, they, play 05 Does, she, work

B 01 I do not (= don't) clean my room.
02 She does not (= doesn't) come from New Zealand.
03 Do you have a cellphone?
04 Does it live in the desert?
05 Does your father drive a car?

A 01 · 02 주어가 3인칭 단수일 때 일반동사의 부정문은 doesn't를 동사원형 앞에 쓴다. 03 주어가 I일 때 일반동사의 부정문은 don't를 동사원형 앞에 쓴다. 04 주어가 복수일 때 일반동사의 의문문은 Do를 주어 앞에 쓰고, 주어 뒤에는 동사원형을 쓴다. 05 주어가 3인칭 단수일 때 일반동사의 의문문은 Does를 주어 앞에 쓰고, 주어 뒤에는 동사원형을 쓴다.

B 보기 그는 배가 고파 보이지 않는다.
01 나는 내 방을 청소하지 않는다.
02 그녀는 뉴질랜드 출신이 아니다.
03 너는 휴대전화를 가지고 있니?
04 그것은 사막에 사니?
05 너의 아버지는 차를 운전하시니?

01 주어가 I이므로 일반동사의 부정문은 do not (= don't)을 동사원형 clean 앞에 쓴다. 02 주어가 3인칭 단수(She)이므로 일반동사의 부정문은 does not (= doesn't)을 동사원형 come 앞에 쓴다. 03 주어가 2인칭(you)이므로 일반동사의 의문문은 Do를 주어 앞에 쓰고, 주어 뒤에 동사원형 have를 쓰고, 맨 뒤에 물음표를 붙인다. 04 · 05 주어가 3인칭 단수(it, your father)이므로 일반동사의 의문문은 Does를 주어 앞에 쓰고, 주어 뒤에 동사원형을 쓰고, 맨 뒤에 물음표를 붙인다.

A 01 She does not like spicy food.
02 He does not speak English well.
03 Does your sister have breakfast?
04 Do owls hunt at night?

B 01 It does not (= doesn't) eat fish.
02 I do not (= don't) watch TV on weekends.
03 We do not (= don't) tell lies.
04 Do they have sharp teeth? Yes, they do.
05 Does Mr. Baker teach French?
No, he does not (= doesn't).

A 01 '그녀는'이 주어로 She로 문장을 시작하고, 일반동사의 부정문으로 「does not + 동사원형」의 순서로 쓴다. 02 '그는'이 주어로 He로 문장을 시작하고, 일반동사의 부정문으로 「does not + 동사원형」의 순서로 쓴다. 03 주어가 3인칭 단수인 일반동사의 의문문으로 「Does + 주어 + 동사원형 ~?」의 순서로 쓴다. 04 주어가 복수인 일반동사의 의문문으로 「Do + 주어 + 동사원형 ~?」의 순서로 쓴다. 시간을 나타내는 at night은 문장 맨 뒤에 쓴다.

B 01 '그것은'은 주어로 It으로 문장을 시작하고, 주어가 3인칭 단수일 때 일반동사의 부정문은 「does not + 동사원형」의 순서로 쓴다. 02 '나는'은 주어로 I로 문장을 시작하고, 주어가 I일 때 일반동사의 부정문은 「do not + 동사원형」의 순서로 쓴다. 03 '우리는'은 주어로 We로 문장을 시작하고, 주어가 복수일 때 일반동사의 부정문은 「do not + 동사원형」의 순서로 쓴다. 04 주어가 복수일 때 일반동사의 의문문은 「Do + 주어 + 동사원형 ~?」의 순서로 쓴다. Do로 물어보는 의문문은 do로 대답한다. 05 주어가 3인칭 단수일 때 일반동사의 의문문은 「Does + 주어 + 동사원형 ~?」의 순서로 쓴다. Does로 물어보는 의문문은 does로 대답한다.

A 01 does, eat 02 do, have 03 Do, write
04 Do, I do 05 Does, doesn't

B 01 don't, sleep 02 Do, like, they, don't
03 Does, drive, he, does

C 01 We do not (= don't) spend much money.
02 Does she eat out on Sunday?
No, she does not (= doesn't).
03 My sister does not (= doesn't) swim well.
04 Do you go to school on foot? Yes, I do.

A 01 나의 어머니는 고기를 먹지 않으신다.
02 우리는 오늘 숙제가 없다.
03 그 학생들은 편지를 쓰니?
04 너는 기분이 좋니? 응, 그래.
05 그 소녀는 진실을 아니? 아니, 그렇지 않아.

01 주어가 3인칭 단수(My mother)일 때 일반동사의 부정문은 does not을 쓰고 뒤에 동사원형이 온다. **02** 주어가 복수(We)일 때 일반동사의 부정문은 do not을 쓰고 뒤에 동사원형이 온다. **03·04** 주어가 복수 또는 you일 때 일반동사의 의문문은 Do를 주어 앞에 쓰고, 주어 뒤에 동사원형이 온다. Do로 물어보는 의문문은 do로 대답한다. **05** 주어가 3인칭 단수(the girl)일 때 일반동사의 의문문은 Does를 주어 앞에 쓴다. Does로 물어보는 의문문은 does로 대답한다.

B **01** 주어가 복수(My grandparents)일 때 일반동사의 부정문은 don't를 쓰고, 뒤에 동사원형이 온다. **02** 주어가 복수(they)일 때 일반동사의 의문문은 Do를 주어 앞에 쓰고, 주어 뒤에 동사원형이 온다. **03** 주어가 3인칭 단수(your father)일 때 일반동사의 의문문은 Does를 주어 앞에 쓰고, 주어 뒤에 동사원형이 온다. Does로 물어보는 의문문은 does로 대답한다.

C **01** '우리는'은 주어로 We로 문장을 시작하고, 주어가 복수인 일반동사의 부정문은 「do not + 동사원형」의 순서로 쓴다. '많은 돈을'은 목적어로 much money를 동사 뒤에 쓴다. **02** 주어가 3인칭 단수일 때 일반동사의 의문문은 「Does + 주어 + 동사원형 ~?」의 순서로 쓴다. 시간을 표현하는 on Sunday는 문장의 맨 뒤에 온다. **03** '내 여동생은'은 주어로 My sister로 문장을 시작하고, 주어가 3인칭 단수인 일반동사의 부정문은 「does not + 동사원형」의 순서로 쓴다. **04** 주어가 you일 때 일반동사의 의문문은 「Do + 주어 + 동사원형 ~?」의 순서로 쓴다.

Actual Test

pp. 40–42

01 ③ **02** ⑤ **03** ④ **04** ② **05** ⑤ **06** ② **07** ④ **08** ③
09 ⑤ **10** ③ **11** ① **12** ③
13 do not (= don't) go, wakes, eat, does not (= doesn't) like
14 doesn't, run, walks **15** Does, sleep, cries
16 He takes pictures every weekend.
17 Does your brother drink milk every day? Yes, he does.
18 don't, go, take, goes **19** take, doesn't, take, go

01 그녀는 매일 수학을 열심히 공부한다.

주어가 3인칭 단수(She)이므로 동사원형에 -(e)s를 붙여야 하는데, '자음 + -y'로 끝나는 study는 y를 i로 바꾸고 -es를 붙인다. 부정문으로 쓰려면 doesn't 뒤에 동사원형 study가 와야 한다.

02 그는/그녀는/그 소년은/네 여동생은 온라인 게임을 하니?

일반동사의 의문문에서 주어가 3인칭 단수일 때 Does가 문장 맨 앞에 온다. 주어가 you일 때는 Do가 와야 한다.

03 그와 그녀는/그들은/나의 부모님은/우리는 주말에 집을 청소한다.

My mother이 주어일 때 동사는 3인칭 현재 단수형인 cleans가 와야 한다.

04 나의 부모님은 제주도에 사시지만, 나는 서울에 산다.

주어가 복수(My parents)이거나 I일 때 일반동사의 동사원형이 온다. 부정문으로 쓰려면 don't 뒤에 동사원형이 와야 한다.

05 너의 어머니는 요리를 매우 잘하신다. 나의 어머니는 요리를 잘하지 못하신다.

주어가 3인칭 단수(Your mother)일 때 동사원형에 -(e)s를 붙인다. 주어가 3인칭 단수(My mother)일 때 일반동사의 부정문은 does not (= doesn't)을 쓰고 뒤에 동사원형이 온다.

06 A: 너(희)는 그 선생님을 아니? B: 아니, 몰라.

Do로 물어보는 의문문은 do로 대답하고, you로 물어보고 있으므로 I나 we로 대답한다.

07 ① 그는 방과 후에 농구를 한다.
② 너는 아프니?
③ 우리는 맥주와 포도주를 팔지 않는다.
④ 그것은 긴 꼬리를 가지고 있니?
⑤ 그녀는 기타를 연주하지 못한다.

① plaies → plays ② Are you → Do you ③ aren't sell → don't sell
⑤ plays → play

08 ① 그녀는 호텔에서 일한다. → 그녀는 호텔에서 일하지 않는다.
② 그 박물관은 월요일에 열지 않는다. → 그 박물관은 월요일에 연다.
③ 그는 영화를 많이 본다. → 그는 영화를 많이 보니?
④ 그들은 방과 후에 숙제를 한다. → 그들은 방과 후에 숙제를 하니?
⑤ James는 아파트에서 산다. → James는 아파트에서 살지 않는다.

① doesn't works → doesn't work ② open → opens
④ Do they → Do they do ⑤ isn't live → doesn't live

09 ⑤ teachs → teaches
Mr. Smith는 대명사 He로 대신하여 쓰고, 주어가 3인칭 단수일 때 동사원형에 -(e)s를 붙이는데 teach는 -ch로 끝나는 동사로 -es를 붙여 teaches로 써야 한다.

10 ③ goes → go
does not 뒤에는 동사원형이 온다.

11 ① Is → Does
일반동사의 의문문은 Do/Does로 시작한다. 주어가 3인칭 단수(Ann)이므로 Does가 와야 한다.

12 ③ has → have
주어가 3인칭 단수(My uncle)일 때 일반동사의 부정문은 doesn't를 쓰고 뒤에 동사원형이 온다.

13 오늘은 토요일이다. 내 여동생과 나는 학교에 가지 않는다. 나는 보통 아침 늦게 일어나고, 내 여동생도 늦게 일어난다. 우리는 10시에 아침을 먹는다. 아침을 먹은 후에 우리는 종종 우리의 방을 청소한다. 내 여동생은 청소하는 것을 좋아하지 않아서, 그녀의 방은 엉망이다.

일반동사의 부정문은 주어가 3인칭 단수일 때 does not (= doesn't), 주어가 복수일 때 do not (= don't)을 동사원형 앞에 쓴다. 일반동사의 현재형은 주어가 3인칭 단수일 때 동사원형에 -(e)s를 붙이고, 주어가 복수일 때 동사원형이 온다.

14 주어가 3인칭 단수(The rabbit)일 때 일반동사의 부정문은 doesn't를 동사원형 앞에 쓴다. The rabbit은 대명사 It으로 대신하여 쓰고, 주어가 3인칭 단수(It)이므로 동사원형 walk에 -s를 붙인다.

15 주어가 3인칭 단수(the baby)일 때 일반동사의 의문문은 Does를 주어 앞에 쓰고, 주어 뒤에 동사원형이 온다. 주어가 3인칭 단수일 때 동사원형에 -(e)s를 붙이는데 cry는 '자음 + -y'로 끝나는 동사로 y를 i로 바꾸고 -es를 붙인다.

16 '그는'은 주어로 He로 문장을 시작하고, 주어가 3인칭 단수이므로 동사원형 take에 -s를 붙여 takes를 쓴다.

17 주어가 3인칭 단수일 때 일반동사의 의문문은 「Does + 주어 + 동사원형 ~?」의 순서로 쓴다.

18 매주 토요일에 Jane과 나는 학교에 가지 않는다. 나는 피아노 레슨을 받는다. Jane은 친구들과 쇼핑을 간다.

주어가 복수(Jane and I)일 때 일반동사의 부정문은 don't를 쓰고 뒤에 동사원형이 온다. 주어가 I일 때는 동사원형이 오고, 3인칭 단수(Jane)일 때 동사원형에 -(e)s를 붙이는데 -o로 끝나는 동사는 -es를 붙인다.

19 매주 일요일에 나는 목욕을 한다. 그러나 Jane은 목욕을 하지 않는다. 그녀와 나는 함께 영화를 보러 간다.

주어가 I 또는 복수(She and I)일 때 동사원형이 온다. 주어가 3인칭 단수(Jane)일 때 일반동사의 부정문은 doesn't를 쓰고 뒤에 동사원형이 온다.

현재진행형

Unit 05 현재진행형 시제

Grammar Practice I p. 45

A 01 am taking 02 are playing 03 is having
   04 stopping   05 making   06 have
   07 raining   08 dying   09 is drinking
   10 washing

B 01 is studying 02 are cleaning 03 is riding
   04 are swimming 05 is playing   06 are singing
   07 is lying   08 are watching 09 is writing
   10 is flying   11 is cutting   12 am doing

A 01 나는 지금 샤워를 하고 있는 중이다.
   02 그들은 야구를 하고 있다.
   03 그녀는 지금 저녁을 먹고 있는 중이다.
   04 그는 차를 멈추고 있다.
   05 너(희)는 초콜릿 케이크를 만들고 있는 중이다.
   06 우리는 개 두 마리를 가지고 있다.
   07 지금 밖에 비가 오고 있다.
   08 그 식물들은 지금 죽어가고 있다.
   09 그 선수는 지금 물을 조금 마시고 있다.
   10 Jenny는 지금 설거지를 하고 있는 중이다.

지금 진행 중인 동작을 나타낼 때 쓰는 현재진행형은 「be동사의 현재형(am/are/is) + 동사원형-ing」의 형태이다. 01 주어가 I일 때 「am + 동사원형-ing」 02 · 05 주어가 복수(They) 혹은 You일 때 「are + 동사원형-ing」 03 · 07 · 09 · 10 주어가 3인칭 단수(She, It, Mr. Brown, Jenny)일 때 「is + 동사원형-ing」가 온다. 04 주어가 3인칭 단수(He)이므로 「is + 동사원형-ing」가 오는데, '단모음 + 단자음'으로 끝나는 동사 stop은 끝 자음을 한 번 더 쓰고 -ing를 붙인다. 06 have가 '가지고 있다'의 의미일 때 진행형으로 쓸 수 없다. 08 주어가 복수(The plants)이므로 「are + 동사원형-ing」가 오는데, -ie로 끝나는 동사 die는 ie를 y로 고치고 -ing를 붙인다.

B 01 그는 지금 수학을 공부하고 있다.
   02 우리는 지금 집을 청소하고 있다.
   03 그녀는 지금 자전거를 타고 있다.
   04 그들은 수영장에서 수영하고 있다.
   05 나는 개 한 마리를 가지고 있다. 그것은 공을 가지고 놀고 있다.
   06 들어봐! 그 아이들이 노래를 부르고 있어.
   07 그 고양이는 바닥에 누워 있다.
   08 Karen과 Chris는 영화를 보고 있는 중이다.
   09 Anderson 여사는 이메일을 쓰고 있다.
   10 독수리 한 마리가 하늘을 날고 있다.
   11 나의 아버지는 큰 나무를 자르고 있는 중이시다.
   12 나는 지금 숙제를 하고 있다.

01 · 03 · 05 · 07 · 09 · 10 · 11 주어가 3인칭 단수(He, She, It, The cat, Ms. Anderson, An eagle, My father)일 때 「is + 동사원형-ing」가 온다. 02 · 04 · 06 · 08 주어가 복수(We, They, The children, Karen and Chris)일 때 「are + 동사원형-ing」가 온다. 12 주어가 I일 때 「am + 동사원형-ing」가 온다. 동사원형에 -ing를 붙이는 법은 04 · 11 '단모음 + 단자음'으로 끝나는 동사 swim, cut은 끝 자음을 한 번 더 쓰고 -ing를 붙인다. 07 -ie로 끝나는 동사 lie는 ie를 y로 고치고 -ing를 붙인다. 03 · 09 -e로 끝나는 동사 ride, write은 e를 빼고 -ing를 붙인다.

Grammar Practice II p. 46

A 01 are cleaning 02 does   03 likes
   04 am lying   05 is playing 06 drink
   07 is coming   08 has   09 are running
   10 is jumping

B 01 does   02 is doing   03 is having
   04 has   05 am going   06 goes
   07 sing   08 are singing 09 are listening
   10 listens 11 is lying   12 lies

A 01 그들은 지금 집을 청소하고 있는 중이다.
   02 Mary는 식사 후에 항상 설거지를 한다.
   03 그는 피자와 스파게티를 좋아한다.
   04 나는 지금 소파에 누워 있다.
   05 봐! 그녀가 지금 바이올린을 연주하고 있어.
   06 그와 그녀는 하루에 한 번 커피를 마신다.
   07 조심해! 자동차가 지금 여기로 오고 있어!
   08 기린은 목이 길다.
   09 그 말들이 지금 들판을 달리고 있다.
   10 그 캥거루는 지금 뛰고 있다.

01 clean은 동사원형에 -ing를 붙인다. 02 · 06 현재 반복되는 동작이나 습관을 나타내므로 현재형으로 쓴다. 03 상태를 나타내는 동사 like는 진행형으로 쓰지 않는다. 04 주어가 I일 때 현재진행형은 「am + 동사원형-ing」가 오고, -ie로 끝나는 동사 lie는 ie를 y로 고치고 -ing를 붙인다. 05 · 07 · 10 지금 진행 중인 동작을 나타내므로 현재진행형이 와야 하는데, 주어가 3인칭 단수(She, A car, The kangaroo)이므로 「is + 동사원형-ing」가 온다. 08 have가 '가지고 있다'의 의미일 때 진행형으로 쓰지 않는다. 09 주어가 복수(The horses)일 때 현재진행형은 「are + 동사원형-ing」가 오고, '단모음 + 단자음'으로 끝나는 동사 run은 끝 자음을 한 번 더 쓰고 -ing를 붙인다.

B 01 그는 매일 밤 숙제를 한다.
   02 Susan은 지금 숙제를 하고 있는 중이다.
   03 그녀는 지금 점심으로 샌드위치를 먹고 있다.
   04 그 여배우는 금발이다.
   05 나는 지금 걸어서 학교에 가고 있다.
   06 나의 아버지는 매일 차로 출근하신다.
   07 그 새들은 매일 나무에서 노래한다.
   08 들어봐! 그 새들이 저기에서 노래하고 있어.
   09 우리는 지금 음악을 듣고 있는 중이다.
   10 나의 어머니는 매일 라디오를 들으신다.
   11 그 판매원은 지금 우리에게 거짓말을 하고 있다.
   12 내 남동생은 매일 나에게 거짓말을 한다.

01 · 06 · 07 · 10 · 12 현재 반복되는 동작이나 습관을 나타내므로 현재형으로 쓴다. 02 · 03 · 05 · 08 · 09 · 11 지금 진행 중인 동작을 나타내므로 현재진행형으로 쓴다. 현재진행형은 「be동사의 현재형(am/are/is) + 동사원형-ing」의 형태이다. 주어가 3인칭 단수(Susan, She, The salesman)일 때 「is + 동사원형-ing」, 주어가 I일 때 「am + 동사원형-ing」, 주어가 복수(The birds, We)일 때 「are + 동사원형-ing」를 쓴다. 04 have가 '가지고 있다'의 의미일 때 진행형으로 쓰지 않는다. 주어가 3인칭 단수(The actress)이므로 현재형 has를 쓴다.

Prep Writing

p. 47

A **01** is, driving **02** are, living **03** am, sitting
 04 is, snowing **05** is, learning

B **01** They are drawing pictures now.
 02 A fish is swimming in the fishbowl.
 03 I am washing my face now.
 04 Amy is taking a piano lesson.
 05 The flowers are dying now.
 06 Your parents are coming home now.
 07 We are having spaghetti now.
 08 She is combing her hair now.

A 모두 지금 진행 중인 동작을 나타내므로 현재진행형으로 써야 하는데 **01·04·05** 주어가 3인칭 단수(She, It, He)일 때 「is + 동사원형-ing」 **02** 주어가 복수(We)일 때 「are + 동사원형-ing」 **03** 주어가 I일 때 「am + 동사원형-ing」를 쓴다. 동사원형에 -ing를 붙이는 법은, -e로 끝나는 동사 drive, live는 e를 빼고 -ing를 붙이고, '단모음 + 단자음'으로 끝나는 동사 sit은 끝 자음을 한 번 더 쓰고 -ing를 붙인다.

B 보기 그는 부모님과 점심을 먹고 있다.
 01 그들은 지금 그림을 그리고 있는 중이다.
 02 물고기 한 마리가 어항에서 헤엄치고 있다.
 03 나는 지금 세수하는 중이다.
 04 Amy는 피아노 레슨을 받는 중이다.
 05 그 꽃들이 지금 죽어가고 있다.
 06 너(희)의 부모님은 지금 집에 오는 중이다.
 07 우리는 지금 스파게티를 먹고 있다.
 08 그녀는 지금 머리를 빗고 있다.

현재진행형 문장으로 만들려면 **01·05·06** 주어가 복수(They, The flowers, Your parents, We)일 때 「are + 동사원형-ing」 **02·04·08** 주어가 3인칭 단수(A fish, Amy, She)일 때 「is + 동사원형-ing」 **03** 주어가 I일 때 「am + 동사원형-ing」를 쓴다. 동사원형에 -ing를 붙이는 법은, '단모음 + 단자음'으로 끝나는 동사 swim은 끝 자음을 한 번 더 쓰고 -ing를 붙이고, -e로 끝나는 동사 take, have는 e를 빼고 -ing를 붙이고, -ie로 끝나는 동사 die는 ie를 y로 고치고 -ing를 붙인다.

Sentence Writing

p. 48

A **01** She is helping her grandmother now.
 02 Your mother is making pancakes.
 03 The leaves are turning red at the moment.
 04 I am lying on the grass at the moment.

B **01** I am doing my homework.
 02 Penny is wearing a red dress at the moment.
 03 They are eating ice cream on the street.
 04 We are living in the country.
 05 The lions are running in the field.

A **01** '그녀는'은 주어로 She로 문장을 시작하고, 주어가 3인칭 단수인 현재진행형으로 주어 뒤에 is helping이 온다. **02** '너의 어머니는'이 주어로 Your mother로 문장을 시작하고, 주어가 3인칭 단수인 현재진행형으로 주어 뒤에 is making이 온다. **03** '그 나뭇잎들은'이 주어로 The leaves로 문장을 시작하고, 주어가 복수인 현재진행형으로 주어 뒤에 are turning이 온다. **04** '나는'은 주어로 I로 문장을 시작하고, 주어가 I인 현재진행형으로 주어 뒤에 am lying이 온다.

B **01** '나는'은 주어로 I로 문장을 시작하고, '~하고 있는 중이다'는 현재진행형으로 am doing을 주어 뒤에 쓴다. **02** 'Penny는'이 주어로 Penny로 문장을 시작하고, '입고 있다'는 현재진행형으로 is wearing을 주어 뒤에 쓴다. **03** '그들은'은 주어로 They로 문장을 시작하고, '먹고 있다'는 현재진행형으로 are eating을 주어 뒤에 쓴다. **04** '우리는'은 주어로 We로 문장을 시작하고, '살고 있다'는 현재진행형으로 are living을 주어 뒤에 쓴다.

05 '그 사자들은'은 주어로 The lions로 문장을 시작하고, '달리고 있다'는 현재진행형으로 are running을 주어 뒤에 쓴다.

Self-Study

p. 49

A **01** is feeding **02** has **03** is swimming
 04 taking **05** loves

B **01** like, am, eating/having **02** are, skiing
 03 know, are, talking

C **01** He is sitting on the sofa now.
 02 We are skating at the moment.
 03 I am reading a magazine in the library.
 04 Your friend is lying at the moment.

A **01** 그녀는 지금 그녀의 고양이에게 먹이를 주고 있다.
 02 그는 집 두 채를 가지고 있다.
 03 봐! 강아지 한 마리가 지금 호수에서 헤엄치고 있어.
 04 그녀의 부모님은 지금 유럽을 여행하는 중이다.
 05 Baker 여사는 꽃과 나무를 사랑한다.

01·03·04 지금 진행 중인 동작을 나타내므로 현재진행형이 와야 하고, 현재진행형은 「be동사의 현재형(am/are/is) + 동사원형-ing」의 형태이다. be동사는 주어에 따라 달라진다. **02** have가 '가지고 있다'의 의미일 때 진행형으로 쓸 수 없다. **05** 상태를 나타내는 동사 love는 진행형으로 쓰지 않는다.

B **01** 상태를 나타내는 동사 like는 진행형으로 쓰지 않고, '먹고 있다'는 지금 진행 중인 동작을 나타내므로 현재진행형으로 쓴다. eat, have는 둘 다 '먹다'라는 의미로 진행형으로 올 수 있다. **02** 지금 진행 중인 동작을 나타내는 현재진행형이 오며, 주어가 We이므로 「are + 동사원형-ing」를 쓴다. **03** 상태를 나타내는 동사 know는 진행형으로 쓰지 않고, '전화통화를 하고 있다'는 지금 진행 중인 동작을 나타내므로 현재진행형으로 쓴다.

C **01** '그는'은 주어로 He로 문장을 시작하고, '앉아 있다'는 현재진행형으로 is sitting을 주어 뒤에 쓴다. **02** '우리는'은 주어로 We로 문장을 시작하고, '스케이트를 타고 있는 중이다'는 현재진행형으로 are skating을 주어 뒤에 쓴다. **03** '나는'은 주어로 I로 문장을 시작하고, '읽고 있다'는 현재진행형으로 am reading을 주어 뒤에 쓴다. **04** '네 친구는'은 주어로 Your friend로 문장을 시작하고, '거짓말을 하고 있다'는 현재진행형으로 is lying을 주어 뒤에 쓴다.

Unit 06 현재진행형의 부정문과 의문문

Grammar Practice I

p. 51

A **01** am not **02** aren't helping **03** isn't
 04 reading **05** Are **06** have
 07 going **08** Is **09** Is, is
 10 Are, aren't

B **01** is not (= isn't) brushing **02** am not practicing
 03 is not (= isn't) dying **04** are not (= aren't) having
 05 are not (= aren't) lying **06** is not (= isn't) jogging
 07 Are, moving **08** Is, coming
 09 Is, sitting **10** Am, sleeping
 11 Is, dancing **12** Are, running

A **01** 나는 지금 설거지를 하고 있지 않다.
 02 그들은 지금 가난한 사람들을 돕고 있지 않다.
 03 그녀는 지금 그림을 그리고 있지 않다.
 04 그는 지금 잡지를 읽고 있지 않다.
 05 너는 지금 자전거를 타고 있니?

06 그는 여동생이 있니?
07 우리는 지금 파티에 가고 있는 중이니?
08 너의 아버지는 식물에 물을 주고 계시니?
09 Jenny는 플루트를 연주하고 있니? 응, 그래.
10 그 아이들은 수영장에서 수영하고 있니? 아니, 그렇지 않아.

01·02·03·04 현재진행형의 부정문은 be동사(am/are/is)와 동사원형-ing 사이에 not을 쓴다. 05·07·08·09·10 현재진행형의 의문문은 be동사와 주어의 위치를 바꿔 「Am/Are/Is + 주어 + 동사원형-ing ~?」의 순서로 쓴다. be동사는 주어에 따라 구별해서 쓴다. 09·10 현재진행형의 의문문에 대한 대답은 be동사로 한다. 06 have가 '가지고 있다'의 의미일 때 진행형으로 쓸 수 없다. 주어가 3인칭 단수(he)일 때 일반동사의 의문문은 「Does + 주어 + 동사원형 ~?」의 형태이다.

B 01 그녀는 지금 이를 닦고 있지 않다.
02 나는 지금 플루트를 연습하고 있지 않다.
03 그 나무는 지금 죽어 가고 있지 않다.
04 우리는 생일파티를 하고 있지 않다.
05 그 새끼 고양이들이 바닥에 누워 있지 않다.
06 내 남동생은 지금 조깅을 하고 있지 않다.
07 그들은 지금 서울로 이사를 가고 있니?
08 그것이 지금 여기로 오고 있니?
09 Anderson 여사는 소파에 앉아 있니?
10 내가 지금 잠을 자고 있니?
11 네 여동생은 무대에서 춤을 추고 있니?
12 너는 운동장을 뛰고 있니?

01·02·03·04·05·06 현재진행형의 부정문은 be동사(am/are/is)와 동사원형-ing 사이에 not을 쓴다. 즉 「주어 + am/are/is + not + 동사원형-ing」의 형태가 된다. be동사는 주어에 따라 구별해서 써야 하며, be동사와 not을 줄여서 쓸 수 있다. 07·08·09·10·11·12 현재진행형의 의문문은 be동사와 주어의 위치를 바꿔 「Am/Are/Is + 주어 + 동사원형-ing ~?」의 형태가 된다.

Grammar Practice II

A 01 wearing
02 is not waiting
03 Does she have
04 isn't eating
05 sitting
06 Is
07 are not (= aren't) baking
08 Is she planning
09 buying
10 Are, am

B 01 She is not (= isn't) listening to music now.
02 We are not (= aren't) having a good time now.
03 I am not (= I'm not) studying math at home.
04 Is the girl writing a letter now?
05 Are they lying on the beach?
06 Are his parents climbing up the mountain?

A 01 나는 치마를 입고 있지 않다.
02 그 소녀는 엄마를 기다리고 있지 않다.
03 그녀는 배낭을 가지고 있니?
04 그 원숭이는 지금 바나나를 먹고 있지 않다.
05 그와 그녀는 지금 소파에 앉아 있니?
06 네 여동생은 지금 수영하고 있니?
07 그들은 지금 케이크를 굽고 있지 않다.
08 그녀는 지금 파티를 계획하고 있니?
09 Jenny는 생일 선물을 사고 있니? 아니, 그렇지 않아.
10 너는 지금 TV에서 뉴스를 보고 있니? 응, 그래.

01 be동사가 앞에 있으므로 뒤에 동사원형이 올 수 없고 동사원형-ing가 온다. 02 현재진행형의 부정문은 be동사와 동사원형-ing 사이에 not을 쓴다. 03 have가 '가지고 있다'의 의미일 때 진행형으로 쓸 수 없다. 주어가 3인칭 단수(she)일 때 일반동사의 의문문은 「Does + 주어 + 동사원형 ~?」의 형태로 쓴다. 04 지금 진행 중인 동작을 나타내므로 현재진행형으로 쓰며, 부정문은

주어가 3인칭 단수(The monkey)이므로 is와 eating 사이에 not을 쓴다. 05 현재진행형의 의문문은 주어 뒤에 동사원형-ing을 쓴다. 06 현재진행형의 의문문으로 주어가 3인칭 현재 단수(your sister)이므로 Is로 시작한다. 07 현재진행형의 부정문은 be동사와 동사원형-ing 사이에 not을 쓴다. 08 현재진행형의 의문문은 be동사로 시작한다. 09 현재진행형의 의문문으로 주어 뒤에 동사원형-ing가 와야 한다. 10 주어 뒤에 동사원형-ing가 오는 현재진행형으로 문장 처음에 be동사 Are가 와야 한다. 현재진행형의 의문문에 대한 대답은 be동사로 한다.

B 01 그녀는 지금 음악을 듣고 있다.
→ 그녀는 지금 음악을 듣고 있지 않다.
02 우리는 지금 좋은 시간을 보내고 있다.
→ 우리는 지금 좋은 시간을 보내고 있지 않다.
03 나는 집에서 수학을 공부하고 있다.
→ 나는 집에서 수학을 공부하고 있지 않다.
04 그 소녀는 지금 편지를 쓰고 있다.
→ 그 소녀는 지금 편지를 쓰고 있니?
05 그들은 해변에 누워 있다. → 그들은 해변에 누워 있니?
06 그의 부모님은 등산하고 계신다. → 그의 부모님은 등산하고 계시니?

01·02·03 현재진행형의 부정문은 be동사(am/are/is)와 동사원형-ing 사이에 not을 쓴다. 즉 「주어 + am/are/is + not + 동사원형-ing」의 형태가 된다. be동사는 주어에 따라 구별해서 써야 하며, be동사와 not을 줄여서 쓸 수 있다. 04·05·06 현재진행형의 의문문은 be동사와 주어의 위치를 바꿔 「Am/Are/Is + 주어 + 동사원형-ing ~?」의 형태로 쓴다.

Prep Writing

A 01 is, not, swimming
02 am, not, riding
03 Are, reading
04 Is, looking, is
05 Are, using, not

B 01 I am not wearing glasses now.
02 Are they winning the game now?
03 Is your mother washing the dishes now?
04 She is not (= isn't) sitting next to me.
05 Are you coming home now?

A 01·02 현재진행형의 부정문으로 주어가 She이면 is, I이면 am을 쓰고, be동사와 동사원형-ing 사이에 not을 쓴다. 03·04·05 현재진행형의 의문문으로 주어가 they, you이면 Are, 주어가 3인칭 단수이면 Is를 맨 앞에 쓰고, 주어 다음에는 동사원형-ing가 온다.

B [보기] 그는 집을 청소하고 있지 않다.
01 나는 지금 안경을 끼고 있지 않다.
02 그들은 지금 그 경기에서 이기고 있니?
03 너의 어머니는 지금 설거지를 하고 계시니?
04 그녀는 내 옆에 앉아 있지 않다.
05 너는 지금 집에 오는 중이니?

01·04 현재진행형의 부정문으로 만들려면 be동사(am/are/is)와 동사원형-ing 사이에 not을 쓴다. be동사는 주어에 따라 구별해서 쓴다. 02·03·05 현재진행형의 의문문으로 만들려면 be동사를 맨 위에 쓰고, 주어 뒤에 동사원형-ing를 쓰며, 맨 뒤에 물음표를 붙인다.

Sentence Writing

A 01 The baby is not crying at the moment.
02 The vegetables are not dying now.
03 Is Penny buying a bag now?
04 Are they looking at me at the moment?

B 01 Is your father lying on the bed?
02 Is she jogging at the park?

정답 및 해설 **13**

B **03** They are not (= aren't) speaking French.
04 Is your mother planning a party?
05 I am not taking a bath.

A **01** '그 아기는'이 주어로 The baby로 문장을 시작하고, 동사는 현재진행형의 부정문인 is not crying이 주어 뒤에 온다. **02** '그 채소들은'이 주어로 The vegetables로 문장을 시작하고, 동사는 현재진행형의 부정문인 are not dying이 주어 뒤에 온다. **03** 현재진행형의 의문문으로 be동사 Is가 주어 Penny 앞에 오고, 주어 뒤에 동사원형-ing인 buying이 오고, 맨 뒤에 물음표를 붙인다. **04** 현재진행형의 의문문으로 be동사 Are가 주어 앞에 오고, 주어 뒤에 동사원형-ing인 looking at이 오고, 맨 뒤에 물음표를 붙인다.

B **01** 현재진행형의 의문문으로 주어가 3인칭 단수(your father)이므로 Is로 문장을 시작하고, 주어 뒤에 동사원형-ing인 lying을 쓴다. **02** 현재진행형의 의문문으로 주어가 3인칭 단수(she)이므로 Is로 문장을 시작하고, 주어 뒤에 동사원형-ing인 jogging을 쓴다. **03** '그들은'은 주어로 They로 문장을 시작하고, 동사 '말하고 있지 않다'는 현재진행형의 부정문으로 are not speaking을 주어 뒤에 쓴다. **04** 현재진행형의 의문문으로 주어가 3인칭 단수(your mother)이므로 Is로 문장을 시작하고, 주어 뒤에 동사원형-ing인 planning을 쓴다. **05** '나는'은 주어로 I로 문장을 시작하고, 동사인 '목욕을 하고 있지 않다'는 현재진행형의 부정문으로 am not taking a bath를 주어 뒤에 쓴다.

Self-Study
p. 55

A **01** isn't **02** aren't having **03** don't have
04 Are, am **05** Is, isn't

B **01** are, not, dying **02** Are, skating, are
03 isn't, singing, dancing

C **01** He is not (= isn't) fixing a car.
02 Are you asking a question? Yes, I am.
03 They are not (= aren't) skiing at the resort.
04 Is your sister riding a horse now? No, she isn't.

A **01** 그녀는 지금 사진을 찍고 있지 않다.
02 우리는 지금 점심을 먹고 있지 않다.
03 그들은 딸이 없다.
04 너는 음악을 듣고 있니? 응, 그래.
05 네 여동생은 지금 하이킹을 하고 있니? 아니, 그렇지 않아.

01·02 지금 진행 중인 동작을 나타내는 현재진행형의 부정문으로 be동사와 동사원형-ing 사이에 not을 쓴다. be동사와 not을 줄여서 isn't, aren't로 쓸 수 있다. **03** have가 '가지고 있다'의 의미일 때 현재형으로 쓴다. 주어가 복수인 일반동사의 부정문은 「don't + 동사원형」이다. **04·05** 현재진행형의 의문문은 be동사와 주어의 위치를 바꿔 「Am/Are/Is + 주어 + 동사원형-ing ~?」의 형태이다. 현재진행형의 의문문에 대한 대답은 be동사로 한다.

B **01** 주어가 복수(The roses)인 현재진행형의 부정문으로 are와 dying 사이에 not을 쓴다. **02** 주어가 복수(they)인 현재진행형의 의문문으로 be동사 Are를 맨 앞에 쓰고, 주어 뒤에 동사원형-ing 형태인 skating을 쓴다. **03** 주어가 3인칭 단수(Kate)인 현재진행형의 부정문으로 is와 dancing 사이에 not을 쓴다. is not을 줄여서 isn't로 쓴다.

C **01** '그는'은 주어로 He로 문장을 시작하고, 동사 '수리하고 있지 않다'는 현재진행형의 부정문으로 is not (= isn't) fixing을 주어 뒤에 쓴다. **02** 현재진행형의 의문문으로 주어가 2인칭(you)이므로 Are로 문장을 시작하고, 주어 뒤에 동사원형-ing인 asking을 쓴다. **03** '그들은'은 주어로 They로 문장을 시작하고, 동사 '스키를 타고 있지 않다'는 현재진행형의 부정문으로 are not (= aren't) skiing을 주어 뒤에 쓴다. **04** 현재진행형의 의문문으로 주어가 3인칭 단수(your sister)이므로 Is로 문장을 시작하고, 주어 뒤에 동사원형-ing인 riding을 쓴다.

01 ⑤ **02** ③ **03** ⑤ **04** ④ **05** ① **06** ⑤ **07** ② **08** ②
09 ①, ③ **10.** ② **11** ② **12** ① **13** ③
14 is shining, are cleaning, is not (= isn't) cleaning, is watching, is cooking, is watering
15 He is not (= isn't) going on a picnic.
16 My grandmother is knitting at the moment.
17 Are the students taking an exam? Yes, they are.
18 am, lying, am, not, sleeping **19** is, doing, isn't, writing
20 Are, swimming, they, aren't, are, jogging

01 그녀는 지금 스케이트를 타고 있다.
at the moment는 지금 진행 중인 동작을 나타내는 현재진행형과 같이 쓴다. 주어가 3인칭 단수(She)이므로 「is + 동사원형-ing」가 온다.

02 그들은 지금 수학을 공부하고 있지 않다.
현재진행형의 부정문으로 be동사와 동사원형-ing 사이에 not이 온다. 주어(They)가 복수이므로 be동사는 are를 쓰고, are not을 줄여서 aren't로 쓴다.

03 너의 어머니는 쿠키를 굽고 계시니?
주어(your mother) 뒤에 동사원형-ing가 오는 현재진행형의 의문문이다. 주어가 3인칭 단수이므로 문장 맨 앞에 be동사 Is가 온다.

04 그 학생들은 지금 교실을 청소하고 있니?
be동사 Are로 시작하는 현재진행형의 의문문으로 주어 뒤에는 동사원형-ing가 온다.

05 · Jenny는 매일 머리를 감는다.
· Tim은 지금 머리를 감고 있는 중이다.
첫 번째 문장은 현재 반복되는 동작이나 습관을 나타내므로 현재형으로 써야 한다. 주어가 3인칭 단수이므로 동사원형에 -(e)s를 붙이는데, wash는 -sh로 끝나는 동사로 -es를 붙인다. 두 번째 문장은 지금 진행 중인 동작을 나타내므로 현재진행형으로 써야 한다. 현재진행형은 「be동사 + 동사원형-ing」의 형태인데 주어가 3인칭 단수이므로 is washing이 온다.

06 A: 그들은 지금 야구를 하고 있니? B: 아니, 그렇지 않아.
주어가 복수인 현재진행형의 의문문으로 문장 맨 앞에 be동사 Are를 쓰고, 대답은 be동사로 한다.

07 A: 너는 숙제를 하고 있니? B: 아니, 그렇지 않아.
현재진행형의 의문문에서 you로 물어보면 I로 대답하고, be동사로 시작하는 의문문은 be동사로 대답한다.

08 ① 그는 지금 연을 날리고 있지 않다.
② 그들은 지금 그 새에게 먹이를 주고 있니?
③ 그녀는 아이스크림을 좋아한다.
④ 나는 침대에 누워 있지 않다.
⑤ 우리는 매일 아침을 먹는다.
① doesn't → isn't ③ is liking → likes ④ lieing → lying
⑤ are having → have

09 ① 그녀는 지금 스페인어를 배우지 있지 않다.
② 그는 친구와 이야기를 나누고 있다.
③ 그들은 지금 저녁을 먹고 있니?
④ 나는 지금 영어를 공부하고 있지 않다.
⑤ 너의 아버지는 신문을 읽고 계시니?
① learn → learning ③ Do → Are

10 ① 그녀는 의자에 앉는다. → 그녀는 의자에 앉아 있다.
② 태양이 빛난다. → 태양이 빛나고 있다.
③ 나는 숙제를 한다. → 나는 숙제를 하고 있다.
④ 그는 이메일을 쓰고 있다. → 그는 이메일을 쓰고 있지 않다.
⑤ 그들은 커피를 마시고 있다. → 그들은 커피를 마시고 있니?

① siting → sitting ③ I doing → I am doing
④ doesn't writing → isn't writing ⑤ drink → drinking

11 ② sing → singing
지금 진행 중인 동작을 나타내므로 현재진행형으로 써야 하는데, 주어가 3인칭 단수(Jenny)이므로 「is + 동사원형-ing」가 와야 한다.

12 ① Does → Are
주어 뒤에 동사원형-ing가 오는 현재진행형의 의문문이다. 주어 앞에는 be동사 Are가 와야 한다.

13 ③ eat → are eating
지금 진행 중인 동작을 나타내는 현재진행형으로 동사 eat를 are eating으로 바꾼다.

14 오늘은 토요일이다. 밖에는 태양이 빛나고 있다. 나의 여동생과 나는 지금 집 청소를 하고 있다. 나의 남동생은 집 청소를 하고 있지 않다. 그는 TV에서 축구를 보고 있다. 나의 어머니는 점심을 준비하고 계신다. 나의 아버지는 지금 나무들과 꽃들에 물을 주고 계신다.
현재진행형은 주어(The sun, He, My mother, My father)가 3인칭 단수일 때 「is + 동사원형-ing」, 주어가 복수(My sister and I)일 때 「are + 동사원형-ing」를 쓴다. 현재진행형의 부정문은 be동사와 동사원형-ing 사이에 not을 쓴다.

15 '그는'은 주어로 He로 문장을 시작하고, 지금 진행 중인 동작을 나타내는 현재진행형의 부정문으로 be동사와 동사원형-ing 사이에 not을 쓴다.

16 지금 진행 중인 동작을 나타내므로 현재진행형으로 쓴다. 주어가 3인칭 단수(My grandmother)이므로 be동사는 is를 쓰고, knit는 '단모음 + 단자음'으로 끝나는 동사로 끝 자음을 한 번 더 쓰고 -ing를 붙인다.

17 현재진행형의 의문문으로 be동사로 문장을 시작하는데, 주어가 복수(the students)이므로 Are로 문장을 시작하고, 주어 뒤에 동사원형-ing를 쓴다.

18 나는 지금 침대에 누워 있다. 그러나 잠을 자고 있지는 않다.
주어가 I일 때 현재진행형은 「am + 동사원형-ing」, 현재진행형의 부정문은 「am + not + 동사원형-ing」를 쓴다.

19 Amy는 설거지를 하고 있다. 그녀는 이메일을 쓰고 있지 않다.
주어가 3인칭 단수(Amy)일 때 현재진행형은 「is + 동사원형-ing」, 현재진행형의 부정문은 「is + not + 동사원형-ing」를 쓴다.

20 Tim과 Jenny는 수영하고 있니? 아니, 그렇지 않아. 그들은 조깅을 하고 있어.
주어가 복수(Tim and Jenny, They)일 때 현재진행형은 「are + 동사원형-ing」, 현재진행형의 의문문은 「Are + 주어 + 동사원형-ing ~?」를 쓴다.

Chapter 04 명사

Unit 07 셀 수 있는 명사

Grammar Practice I
p. 61

A **01** a **02** an **03** A **04** an
  05 an **06** a **07** an **08** a
  09 an **10** a **11** an

B **01** mice **02** babies **03** knives **04** teeth
  05 days **06** potatoes **07** sheep **08** boxes
  09 fish **10** pianos **11** apples

A **01** 그들은 귀여운 강아지 한 마리를 가지고 있다.
  02 그는 정직한 사람이다.
  03 기린은 목이 길다.
  04 James는 MP3플레이어 하나를 원한다.
  05 그 요리사는 양파 하나를 자르고 있다.
  06 그녀는 대학생이 아니다.
  07 나는 개미 한 마리를 보고 있다.
  08 너는 도시에서 사니?
  09 그 여행은 버스로 한 시간 걸린다.
  10 그는 점심으로 햄버거를 원하지 않는다.
  11 그녀는 오페라 가수이니?

01 cute는 자음으로 발음되므로 a를 쓰고 **02** honest는 자음 h가 묵음으로, 모음으로 발음되므로 an을 쓰고 **03** giraffe는 자음으로 발음되므로 a를 쓰고 **04** MP3는 자음으로 시작하나 모음으로 발음되므로 an을 쓰고 **05** onion은 모음으로 발음되므로 an을 쓰고 **06** university는 모음으로 시작하나 자음으로 발음되므로 a를 쓰고 **07** ant는 모음으로 발음되므로 an을 쓰고 **08** city는 자음으로 발음되므로 a를 쓰고 **09** hour는 자음 h가 묵음으로, 모음으로 발음되므로 an을 쓰고 **10** hamburger는 자음으로 발음되므로 a를 쓰고 **11** opera는 모음으로 발음되므로 an을 쓴다.

B **01** 쥐 열 마리가 도망을 가고 있다.
  02 많은 아기들이 울고 있다.
  03 그 칼 두 개는 날카롭지 않다.
  04 그 아기는 이가 두 개니?
  05 9월은 30일이 있다.
  06 그녀는 감자 세 개를 씻고 있다.
  07 그 농부는 농장에 20마리 양을 가지고 있다.
  08 너는 상자 여섯 개가 필요하니?
  09 그 어부는 많은 물고기를 잡고 있니?
  10 그들은 연주회에서 피아노 세 대를 연주한다.
  11 사과 두 개가 탁자 위에 있다.

01 · 04 mouse, tooth는 불규칙하게 변하는 명사로 복수가 각각 mice, teeth이고 **02 · 05** '자음 + -y'로 끝나는 명사는 y를 i로 바꾸고 -es를 붙이지만, '모음 + -y'로 끝나는 명사는 뒤에 -s를 붙인다. **03** -fe로 끝나는 명사는 fe를 v로 바꾸고 -es를 붙인다. **06 · 08 · 10** -o, -x로 끝나는 명사는 뒤에 -es를 붙이는데, piano는 예외인 단어로 -o로 끝나지만 뒤에 -s만 붙인다. **07 · 09** sheep, fish는 단수와 복수의 모양이 같고 **11** apple은 명사 뒤에 -s를 붙인다.

Grammar Practice II
p. 62

A **01** four, pairs, gloves **02** five, pairs, jeans
  03 three, pairs, scissors

B **01** She is making three sandwiches for dinner.
  02 Does she have two pianos at home?
  03 He is visiting many big cities in Spain.

04 They need six pairs of shorts.
05 She has four knives in the kitchen.
06 The monster has five feet.

A 짝을 이루는 명사 trousers, gloves, jeans, scissors는 문장에서 항상 복수형으로 사용되고, a pair of를 사용하여 수를 센다. 하나를 의미할 때는 a pair of ~로 쓰고, 둘 이상을 의미할 때는 「수사 + pairs of ~」의 형태로 쓴다.

B **01** 그녀는 저녁으로 샌드위치 <u>한 개</u>를 만들고 있다. → 세 개
02 그녀는 집에 피아노를 <u>한 대</u> 가지고 있니? → 두 대
03 그는 스페인에서 <u>큰 도시</u>를 방문하고 있다. → 많은 큰 도시들을
04 그들은 반바지 <u>한 벌</u>이 필요하다. → 여섯 벌
05 그녀는 부엌에 칼 <u>한 개</u>를 가지고 있다. → 네 개
06 그 괴물은 발이 <u>한 개</u>이다. → 다섯 개

복수형 문장으로 바꾸려면 a 대신 괄호 안에 주어진 단어를 쓰고, a 뒤의 명사를 복수형으로 바꾸어야 한다. **01** sandwich는 -ch로 끝나므로 뒤에 -es를 붙이고 **02** piano는 -o로 끝나지만 뒤에 -s만 붙인다. **03** city는 '자음 + -y'로 끝나므로 y를 i로 바꾸고 -es를 붙이고 **04** shorts는 항상 복수형인 명사로 pair을 복수형으로 쓴다. **05** knife는 -fe로 끝나므로 fe를 v로 바꾸고 -es를 붙인다. **06** foot은 불규칙하게 변하는 명사로 복수형은 feet이다.

Prep Writing

A **01** an **02** A, six, legs **03** Three, fish
04 Five, people **05** five, pairs, socks

B **01** Six <u>children</u> are very tall.
02 Hawaii is <u>a</u> beautiful island.
03 The boy has a lot of <u>toys</u>.
04 A lot of <u>heroes</u> are in the story.
05 Are you looking for two <u>pairs</u> of shoes?

A **01** igloo는 모음으로 발음되므로 앞에 an을 쓰고 **02** butterfly는 자음으로 발음되므로 앞에 A를 쓰고, leg의 복수형은 legs이다. **03** fish는 단수와 복수가 같고 **04** person은 불규칙하게 변하는 명사로 복수형은 people이다. **05** socks는 항상 복수형인 명사로, '다섯 켤레'는 five pairs of socks이다.

B **01** '여섯 명의 아이들'이므로 child의 복수인 children으로 써야 한다. **02** beautiful은 자음으로 발음되므로 앞에 a를 써야 한다. **03** toy는 '모음 + -y'로 끝나는 명사로 -s를 붙여 복수형을 만든다. **04** hero는 -o로 끝나는 명사로 뒤에 -es를 붙여 복수형을 만든다. **05** shoes는 항상 복수형인 명사로, '두 켤레'는 two pairs of shoes이다.

Sentence Writing

A **01** Look at the three wolves in the cage.
02 An old couple lives in a pretty house.
03 Danny is wearing a pair of glasses.
04 Is Kate a university student?

B **01** Is a giraffe an animal?
02 Two pairs of shoes are not dirty.
03 I eat an egg and two tomatoes in the morning.
04 A lot of leaves are falling.
05 A cat is chasing three mice.

A **01** 수사 three를 복수형 명사 wolves 앞에 쓴다. **02** old는 모음으로 발음되므로 앞에 An을 쓰고, pretty는 자음으로 발음되므로 앞에 a를 쓴다. **03** 현재진행형 문장으로 be동사 뒤에 동사원형-ing가 오고, '안경 하나'는 glasses 앞에 a pair of를 쓴다. **04** be동사의 의문문으로 Is로 문장을 시작하고, university 앞에 a가 온다.

B **01** be동사의 의문문으로 Is로 문장을 시작하고, giraffe는 자음으로 발음되므로 앞에 a를 쓰고, animal은 모음으로 발음되므로 앞에 an을 쓴다. **02** shoes는 항상 복수형인 명사로, '두 켤레'는 two pairs of shoes로 쓰고, be동사의 부정문이므로 be동사 뒤에 not을 쓴다. **03** 주어가 I이므로 주어 뒤에 동사원형 eat이 오고, egg는 모음으로 발음되므로 앞에 an을 쓰고, tomato는 -es를 붙여 복수형을 만든다. **04** leaf의 복수형 leaves를 꾸며주는 말 A lot of 뒤에 쓰고, 현재진행형 문장으로 be동사 뒤에 동사원형-ing를 쓴다. **05** cat은 자음으로 발음되므로 앞에 A를 쓰고, mouse의 복수는 mice로 three 뒤에 쓴다.

Self-Study

A **01** An → A **02** a → an **03** day → days
04 buss → buses **05** pair → pairs

B **01** a, an **02** Five, boys **03** two, oxen, ten, geese

C **01** I need three boxes and two knives.
02 He catches a lot of fish every day.
03 An adult has thirty-two teeth.
04 He is buying a pair of socks.

A **01** big은 자음으로 발음되므로 앞에 a가 오고 **02** umbrella는 모음으로 발음되므로 앞에 an이 온다. **03** 앞에 thirty-one이 나오므로 day는 복수형으로 써야 하고 **04** bus의 복수형은 뒤에 -es를 붙인다. **05** two 다음에 오는 pair은 복수형으로 써야 한다.

B **01** butterfly는 자음으로 발음되므로 앞에 a를 쓰고, insect는 모음으로 발음되므로 앞에 an을 쓴다. **02** boy의 복수형은 뒤에 -s를 붙인 boys이다. **03** ox, goose는 불규칙하게 변하는 명사들로 복수가 각각 oxen, geese이다.

C **01** box는 -x로 끝나는 단어로 뒤에 -es를 붙여 복수형을 만들고, knife는 fe를 v로 바꾸고 -es를 붙여 복수형을 만들어 수사 뒤에 쓴다. **02** 물고기 fish는 단수와 복수가 같고, 주어가 3인칭 단수(He)이므로 동사원형에 -es를 붙인 catches를 쓴다. **03** adult는 모음으로 발음되므로 앞에 An을 쓰고, 32개의 치아이므로 tooth의 복수인 teeth를 쓴다. **04** 현재진행형으로 be동사 뒤에 동사원형-ing를 쓰고, socks는 항상 복수형인 명사로, '양말 한 켤레'는 a pair of socks를 쓴다.

Unit 08 셀 수 없는 명사

Grammar Practice I

A **01** milk, cheese **02** information **03** Seoul
04 peace **05** water **06** wisdom
07 Salt **08** English **09** money
10 help **11** bread **12** rice

B **01** a bottle of **02** a glass of **03** a cup of
04 a loaf of **05** a bar of **06** a bowl of
07 a bottle of **08** a piece of

A **01** 내 여동생은 우유와 치즈를 좋아한다.
02 우리는 유용한 정보가 필요하다.
03 서울은 아름다운 도시이다.
04 그들은 평화를 위해 일한다.
05 그는 아침에 물을 마신다.
06 그 노인은 현명하다.
07 소금은 건강에 좋지 않다.
08 그녀는 영어를 배우고 있다.
09 우리는 돈이 없다.
10 그녀는 도움이 필요하다.
11 그 제빵사는 약간의 빵을 만들고 있다.
12 한국 사람들은 매일 밥을 먹는다.

01 milk, cheese는 셀 수 없는 명사로 a를 쓰거나 복수형을 만들 수 없다.
02 information은 셀 수 없는 명사로 복수형을 만들 수 없다. 03 Seoul은 셀 수 없는 명사로 a를 쓸 수 없다. 04 peace는 셀 수 없는 명사로 a를 쓰거나 복수형을 만들 수 없다. 05 water는 셀 수 없는 명사로 a를 쓸 수 없다. 06 wisdom은 셀 수 없는 명사로 복수형을 만들 수 없다. 07 salt는 셀 수 없는 명사로 a를 쓸 수 없다. 08 English는 셀 수 없는 명사로 an을 쓸 수 없다. 09 money는 셀 수 없는 명사로 복수형을 만들 수 없다. 10 help는 셀 수 없는 명사로 복수형을 만들 수 없다. 11 bread는 셀 수 없는 명사로 복수형을 만들 수 없다. 12 rice는 셀 수 없는 명사로 a를 쓸 수 없다.

B 01 너는 물 한 병을 가지고 있니?
02 그녀는 아침에 사과 주스 한 잔을 마신다.
03 그녀는 커피 한 잔을 마시기를 원하니?
04 그들은 빵 한 덩어리를 굽고 있다.
05 나는 후식으로 초콜릿 바 한 개를 먹는다.
06 그녀는 토마토 수프 한 그릇을 원한다.
07 그는 와인 한 병을 사고 있다.
08 그녀는 케이크 한 조각을 먹고 있니?

셀 수 없는 명사는 모양이나 담는 그릇 등을 단위로 수를 세는데 01 water는 a bottle of 02 juice는 a glass of 03 coffee는 a cup of 04 bread는 a loaf of 05 chocolate은 a bar of 06 soup은 a bowl of 07 wine은 a bottle of 08 cake는 a piece of를 쓴다.

Grammar Practice II

A 01 ten, pieces, paper   02 five, loaves, bread
   03 two, glasses, milk

B 01 soap   02 cup   03 homework
   04 Mt. Everest   05 money   06 water
   07 advice   08 salt   09 Time
   10 Saturday   11 bowls   12 New York

A 셀 수 없는 명사를 복수형으로 쓰고자 할 때는 단위 명사를 복수형으로 바꾸어 쓴다. 명사의 복수형은 보통 뒤에 -(e)s를 붙여서 만드는데 -f로 끝나는 loaf는 f를 v로 바꾸고 -es를 붙이고, -ss로 끝나는 glass는 뒤에 -es를 붙인다.

B 01 그는 비누 세 개를 가지고 있다.
   02 그녀는 매일 아침 커피 한 잔을 마신다.
   03 우리는 숙제가 많다.
   04 에베레스트 산은 매우 높다.
   05 너는 돈을 좀 가지고 있니?
   06 모든 식물들은 물과 공기가 필요하다.
   07 그들은 약간의 조언이 필요하다.
   08 소금을 좀 건네 주시겠어요?
   09 시간은 매우 소중하다.
   10 모든 사람은 토요일을 좋아한다.
   11 나는 아침으로 밥 두 공기를 먹는다.
   12 뉴욕은 미국에 있다.

01 soap은 셀 수 없는 명사로 복수형을 만들 수 없다. 02 coffee는 a cup of로 수를 센다. 03 homework는 셀 수 없는 명사로 복수형을 만들 수 없다. 04 Mt. Everest는 셀 수 없는 명사로 A를 쓰지 않는다. 05 money는 셀 수 없는 명사로 복수형을 만들 수 없다. 06 water는 셀 수 없는 명사로 a를 쓰지 않는다. 07 advice는 셀 수 없는 명사로 복수형을 만들 수 없다. 08 salt는 셀 수 없는 명사로 복수형을 만들 수 없다. 09 time은 셀 수 없는 명사로 A를 쓰지 않는다. 10 Saturday는 셀 수 없는 명사로 a를 쓰지 않는다. 11 앞에 two가 있으므로 bowl을 복수형으로 써야 한다. 12 New York은 셀 수 없는 명사로 A를 쓰지 않는다.

Prep Writing

A 01 Six, loaves, bread   02 eight, glasses, water
   03 advice, help   04 a, cup, tea
   05 Korea, Korean

B 01 Every child needs love.
   02 Five bottles of water are in the refrigerator.
   03 He doesn't have much money.
   04 She is eating three pieces of pizza.
   05 Do you want sugar in your coffee?

A 01 bread는 a loaf of로 수를 세는데, '여섯 덩어리'이므로 six loaves of를 쓴다. 02 water는 a glass of로 수를 세는데, '여덟 잔'은 eight glasses of를 쓴다. 03 충고(advice)와 도움(help)은 모두 셀 수 없는 명사이므로 a/an을 쓰거나 복수형을 만들 수 없다. 04 tea는 a cup of로 수를 세는데, '한 잔'이므로 a cup of를 쓴다. 05 나라 이름(Korea)이나 언어(Koreans)는 셀 수 없는 명사이므로 a를 쓰거나 복수형을 만들 수 없다.

B 01 love는 셀 수 없는 명사이므로 복수형을 만들 수 없다. 02 five 다음에는 단위 명사의 복수형이 와야 한다. 03 money는 셀 수 없는 명사이므로 복수형을 만들 수 없다. 04 pizza는 a piece of로 수를 센다. 05 sugar는 셀 수 없는 명사이므로 복수형을 만들 수 없다.

Sentence Writing

A 01 I want two pieces of cake for dessert.
   02 She is holding five pieces of paper.
   03 They don't have a lot of work today.
   04 Is the Nile River in Egypt?

B 01 I don't have money in my pocket.
   02 He drinks three cups of tea a day.
   03 She buys two bottles of milk every day.
   04 We need fresh air and water.
   05 I eat a loaf of bread and a bowl of soup for breakfast.

A 01·02 cake, paper는 a piece of를 사용하여 수를 세며, 셀 수 없는 명사를 복수형으로 쓸 때는 「수사 + 단위 명사의 복수 + of + 셀 수 없는 명사」 순으로 쓴다. 03 주어가 복수인 일반동사의 부정문으로 don't를 동사원형 앞에 쓰고, 셀 수 없는 명사 work는 꾸며 주는 말 a lot of 뒤에 쓴다. 04 be동사의 의문문으로 Is가 주어 the Nile River 앞에 온다.

B 01 돈(money)은 셀 수 없는 명사이므로 a를 쓰거나 복수형을 만들 수 없으며, I가 주어인 일반동사의 부정문으로 don't를 동사원형 앞에 쓴다. 02 차(tea)를 세는 단위는 a cup of로 '세 잔'이므로 three cups of를 tea 앞에 쓴다. 03 '우유 두 병'이므로 two bottles of를 milk 앞에 쓴다. 04 공기(air)와 물(water)은 셀 수 없는 명사이므로 a/an을 쓰거나 복수형을 만들 수 없다. 05 빵(bread)은 a loaf of, 수프(soup)는 a bowl of를 사용하여 수를 센다.

Self-Study

A 01 money   02 Two bars of soap   03 information
   04 a glass of   05 advice, is

B 01 pieces, paper   02 two, bottles, water
   03 homework, time

C 01 Do you need help?
   02 London is in England.
   03 Three pieces of cheese are on the plate.
   04 He is drinking a cup of coffee at the café.

A 01 그녀는 많은 돈을 쓰지 않는다.
   02 비누 두 개가 탁자 위에 있다.

03 그 과학자는 중요한 정보를 가지고 있다.
04 그는 오렌지 주스 한 잔을 마시고 있다.
05 네 충고는 매우 도움이 된다.

01 money는 셀 수 없는 명사이므로 복수형을 만들 수 없다. **02** soap은 셀 수 없는 명사이므로 복수형을 만들 수 없고, Two가 앞에 있으므로 단위 명사를 복수형으로 써야 한다. **03** information은 셀 수 없는 명사이므로 복수형을 만들 수 없다. **04** juice는 a glass of로 수를 센다. **05** advice는 셀 수 없는 명사이므로 복수형을 만들 수 없고, 단수 취급하므로 be동사 is가 온다.

B **01** paper는 a piece of로 수를 세는데, '백 장'이므로 piece를 복수형으로 써야 한다. **02** '물 두 병'이므로 bottle을 복수형으로 바꾸어 two bottles of water로 쓴다. **03** homework, time은 셀 수 없는 명사이므로 a를 쓰거나 복수형을 만들 수 없다.

C **01** 주어가 you인 일반동사의 의문문으로 Do를 맨 앞에 쓰고, help는 셀 수 없는 명사이므로 a를 쓰거나 복수형을 만들 수 없다. **02** '런던은'은 주어로 London이 문장 맨 앞에 오는데, 셀 수 없는 명사이므로 a를 쓰거나 복수형을 만들 수 없고, 단수 취급하므로 be동사 is가 온다. **03** 치즈(cheese)는 a piece of를 사용하여 수를 세는데, '세 조각'이므로 piece를 복수형으로 바꾸어 three pieces of cheese로 쓴다. **04** 주어가 3인칭 단수(He)인 현재진행형으로 「is + 동사원형-ing」를 쓰고, '커피 한 잔'은 a cup of coffee를 쓴다.

Actual Test
pp. 72–74

01 ② **02** ① **03** ④ **04** ③ **05** ③ **06** ① **07** ④ **08** ①
09 ② **10** ⑤ **11** ② **12** ③ **13** ③
14 an, onion, two, potatoes **15** two, pieces, cake
16 An ostrich is looking at three children.
17 She puts sugar and milk in her coffee.
18 ten, strawberries, a, piece **19** two, puppies, three, fish
20 five, oranges, a, cup

01 그녀는 천사가 아니다.
an 뒤에는 셀 수 있는 명사의 단수형이면서 모음으로 발음되는 명사가 와야 한다.

02 그들은 도시에 산다.
a 뒤에는 셀 수 있는 명사의 단수형이면서 자음으로 발음되는 명사가 와야 한다.

03 그녀는 바지/안경/가위/장갑 세 벌을 가지고 있다.
three pairs of 뒤에는 항상 복수형인 명사가 와야 하므로 jackets는 올 수 없다.

04 독수리 한 마리가 토끼 한 마리를 쫓고 있다.
eagle, rabbit은 셀 수 있는 명사로 '하나'를 의미할 때 앞에 a나 an을 쓴다. eagle은 모음으로 발음되므로 an을 쓰고, rabbit은 자음으로 발음되므로 a를 쓴다.

05 두 여자와 세 아이들이 생선 다섯 마리를 먹고 있다.
앞에 Two, three, five가 있으므로 빈칸에는 명사의 복수형이 들어가야 한다. woman, child는 불규칙하게 변하는 명사로 복수형은 women, children이고, fish는 단수와 복수가 같다.

06 David는 영어 선생님이다. 그는 영국 출신이다. 그는 도움이 좀 필요하다.
English teacher는 모음으로 발음되므로 앞에 an을 쓰고, England는 셀 수 없는 명사이므로 an을 쓰지 않고, help는 셀 수 없는 명사이므로 복수형을 만들 수 없다.

07 나는 빵 두 덩이리와 물 세 병을 가지고 있다.
bread는 a loaf of, water는 a bottle of를 사용하여 수를 세는데, 앞에 two, three가 있으므로 단위 명사를 복수형으로 바꾸어 loaves와 bottles를 쓴다.

08 · Kate는 주스 두 잔을 원한다.
· 그는 하루에 우유 세 잔을 마신다.
· 우리는 매일 여덟 잔의 물이 필요하다.
juice, milk, water는 수를 셀 때 단위 명사 a glass of를 공통으로 사용하는데, 복수형으로 써야 하므로 glasses를 쓴다.

09 ① 피아노 세 대가 방에 있다.
② 그녀는 케이크 다섯 조각을 가지고 있다.
③ 나는 약간의 정보가 필요하다.
④ 그는 대학생이 아니다.
⑤ 그 아기는 이가 두 개이다.
① pianoes → pianos ③ informations → information
④ an university student → a university student ⑤ tooths → teeth

10 ① 독수리는 두 개의 큰 날개를 가지고 있다.
② 우리는 고양이 한 마리와 강아지 두 마리를 가지고 있다.
③ 그는 정직한 친구니?
④ 그녀는 가위 한 벌이 필요하다.
⑤ 쥐 두 마리가 치즈 한 조각을 먹고 있다.
⑤ mouse는 불규칙하게 변하는 명사로 복수형은 mice이다.

11 ② oxens → oxen
ox는 불규칙하게 변하는 명사로 복수형은 oxen이다.

12 ③ pizzas → pizza
pizza는 셀 수 없는 명사이므로 복수형을 만들 수 없다.

13 ① sheeps → sheep ② a cheese → cheese ④ loaf → loaves
⑤ moneys → money

14 onion은 모음으로 발음되므로 앞에 an을 쓰고, potato는 -o로 끝나는 명사로 복수형은 뒤에 -es를 붙인다.

15 cake는 셀 수 없는 명사로 a piece of를 사용하여 수를 세는데, '두 조각'이므로 two pieces of cake를 쓴다.

16 ostrich는 모음으로 발음되므로 앞에 an을 쓰고, '아이들'은 child의 복수인 children을 쓴다. 주어가 3인칭 단수인 현재진행형으로 「is + 동사원형-ing」를 주어 뒤에 쓴다.

17 설탕(sugar)과 우유(milk)는 셀 수 없는 명사이므로 a를 쓰거나 복수형을 만들 수 없다. 주어가 3인칭 단수이므로 동사원형 put에 -s를 붙인 puts를 쓴다.

18 Kate는 시장에서 딸기 열 개가 필요하다. 그녀는 카페에서 케이크 한 조각을 원한다.
딸기(strawberry)의 복수는 strawberries이고, cake는 a piece of로 수를 센다.

19 Jessica는 시장에서 강아지 두 마리와 물고기 세 마리가 필요하다.
강아지(puppy)의 복수는 puppies이고, 물고기 fish는 단수와 복수가 같다.

20 Paul은 시장에서 오렌지 다섯 개가 필요하다. 그는 카페에서 커피 한 잔을 원한다.
오렌지(orange)의 복수는 oranges이고, coffee는 a cup of로 수를 센다.

Unit 09 인칭대명사

Grammar Practice I
p. 77

A
01 She	02 them	03 It	04 He
05 theirs	06 them	07 yours	08 us
09 We	10 you		

B
01 her	02 Their	03 It	04 me
05 She	06 them	07 ours	08 His
09 Its	10 him	11 your	

A
01 나의 어머니는 매우 아름답다.
02 그는 매일 두 권의 책을 읽는다.
03 그 고양이는 오후에 잠을 잔다.
04 James는 아침으로 사과 하나를 먹는다.
05 이것들은 그들의 자전거들인가요?
06 네 가족은 강아지들을 좋아하니?
07 그것은 너의 컴퓨터가 아니다.
08 우리 선생님은 Susan과 나를 매우 좋아한다.
09 Tom과 나는 좋은 친구이다.
10 Baker 씨는 너와 네 여동생을 아니?

01 My mother는 주격으로 She 02 two books는 복수이며, 목적이므로 them 03 The cat은 주격으로 It 04 James는 주격으로 He 05 「소유격 + 명사」는 소유대명사이므로 their bicycles는 theirs 06 puppies는 복수이며, 목적격이므로 them 07 「소유격 + 명사」는 소유대명사이므로 your computer는 yours 08 · 09 나를 포함해서 두 명 이상을 가리킬 때 주격은 We, 목적격은 us 10 너를 포함해서 두 명 이상을 가리킬 때 목적격은 you를 쓴다.

B
01 그것은 그녀의 배낭이다.
02 그들의 자전거는 매우 오래되었다.
03 그것은 목이 길지 않다.
04 나의 조부모님은 내 남동생과 나를 사랑하신다.
05 그녀는 매년 많은 나라들을 방문한다.
06 Mary는 종종 그들을 돕는다.
07 그 빨간색 차는 우리의 것이 아니다.
08 그의 제복은 검은색과 하얀색이다.
09 Jenny는 토끼 한 마리를 가지고 있다. 그것의 꼬리는 짧다.
10 우리는 시장에서 그를 만난다.
11 그것은 너의 필통이 아니다.

01 · 02 · 08 · 09 · 11 명사 앞에는 소유격이 온다. 03 · 05 동사 앞은 주어 자리로 주격이 온다. 04 · 06 · 10 동사 뒤에 오고 '~을, ~를'로 해석되므로 목적격이 온다. 07 '~의 것'으로 해석되면 소유대명사가 온다.

Grammar Practice II
p. 78

A
01 them	02 mine	03 his	04 Our
05 yours	06 Its	07 They	08 him
09 Hers	10 us		

B
01 You → Your	02 our → ours
03 I → My	04 me → I
05 Her → She	06 she → her
07 its → it	08 They → Their
09 Him → His	10 you → yours
11 I → me	12 They → We

A
01 나의 부모님은 그들을 매우 잘 안다.
02 그 배낭은 나의 것이다.
03 그 여자는 그의 숙모가 아니다.
04 우리의 발은 매우 크다.
05 그 파란색 치마는 너의 것이다.
06 그들은 고양이 한 마리를 가지고 있다. 그것의 눈은 매우 크다.
07 그 새들을 봐라! 그것들은 큰 날개를 가지고 있다.
08 나는 그를 만나지 않는다.
09 그것들은 그녀의 장갑이 아니다. 그녀의 것은 분홍색이다.
10 그들은 나의 조부모님이다. 그들은 종종 우리를 방문한다.

01 · 08 · 10 동사 뒤에 오고 '~을, ~를'로 해석되므로 목적격이 온다. 02 · 05 · 09 '~의 것'으로 해석되면 소유대명사가 온다. 03 · 04 · 06 명사 앞에는 소유를 나타내는 소유격이 온다. 07 문장에서 동사 앞은 주어 자리로 주격이 온다.

B
01 너(희)의 나라는 크지 않다.
02 그 꽃들은 우리의 것이다.
03 나의 영어 선생님은 캐나다 출신이다.
04 Jenny와 나는 같은 반이다.
05 Kate를 봐. 그녀는 춤을 추고 있다.
06 너는 그녀의 여동생을 아니?
07 나는 새끼 고양이 한 마리를 가지고 있다. 나는 그것을 매우 좋아한다.
08 그들의 자전거들은 비싸 보인다.
09 그것은 그의 우산이 아니다. 그의 것은 파란색이다.
10 그 새 휴대전화는 너의 것이니?
11 너는 나를 기억하니?
12 너와 나는 가까운 친구이다. 우리는 매일 만난다.

01 · 03 · 06 · 08 명사 앞에는 소유를 나타내는 소유격이 와야 한다. 02 · 09 · 10 '~의 것'으로 해석되는 소유대명사가 와야 하며, '우리의 것'은 ours, '그의 것'은 His, '너의 것'은 yours이다. 04 · 05 동사 앞 주어 자리로 주격 I와 She가 와야 한다. 07 · 11 동사 뒤에는 목적격이 와야 한다. 12 You and I = We이다.

Prep Writing
p. 79

A
01 His, is	02 Your, her, me	03 mine, hers
04 We, Its	05 It, their, Theirs	

B
01 <u>Yours</u> looks very strong.
02 Is it <u>their</u> book?
03 He helps <u>us</u> every day.
04 I like <u>you</u> and <u>her</u>.
05 <u>Its</u> fur isn't white.

A
01 '그의'는 소유격 His를 쓰고, His grandmother가 주어이므로 be동사는 is를 쓴다. 02 '너의'는 소유격 Your를 쓰고, '그녀와 나를'은 목적어로 her and me를 쓴다. 03 '~의 것'은 소유대명사를 쓴다. '나의 것'은 mine, '그녀의 것'은 hers이다. 04 '우리는'은 주격 We, '그것의'는 소유격 Its를 쓴다. 05 '그것은'은 주격 It, '그들의'는 소유격 their, '그들의 것'은 소유대명사 Theirs를 쓴다.

B
01 '너의 것'은 소유대명사 Yours를 써야 한다. 02 '그들의'는 소유격 their을 써야 한다. 03 '그는'은 주격 He를 써야 한다. 04 '너와 그녀를'은 목적어로 목적격 you와 her를 써야 한다. 05 '그것의'는 소유격 Its를 써야 한다.

Sentence Writing
p. 80

A
01 My father is her English teacher.
02 The hats are not theirs.
03 Do you like him and his sister?

B	01 This	02 Those	03 It	04 a tiger
	05 It	06 These	07 this	08 It
	09 that	10 are	11 those	12 This

---

04 They often visit our house.

B 01 Their socks are very dirty.
02 We often invite him and her.
03 You are my best friend.
04 The cheese is not ours.
05 I don't remember them.

A 01 My와 her는 소유격으로 명사 앞에 온다. 02 be동사의 부정문으로 be동사 뒤에 not을 쓰고, 소유대명사 theirs 뒤에는 명사가 오지 않는다. 03 일반동사의 의문문으로 Do로 문장을 시작한다. 동사 뒤에는 목적격 him이 오고, 소유격 his는 명사 sister 앞에 쓴다. 04 They는 주어로 문장 맨 앞에 쓰고, our은 소유격으로 house 앞에 쓴다.

B 01 '그들의'는 소유격 Their이고, '그들의 양말은'이 주어이므로 Their socks로 문장을 시작한다. 주어가 복수(Their socks)이므로 be동사 are를 쓰고, 뒤에 주어를 설명하는 말이 온다. 02 '우리는'은 주어로 주격 We로 문장을 시작하고, '그와 그녀를'은 목적어로 목적격 him and her를 동사 뒤에 쓴다. 03 '너는'은 주어로 주격 You로 문장을 시작하고, 주어가 You이므로 be동사 are를 쓰고, '나의'는 소유격 my를 쓴다. 04 be동사의 부정문으로 be동사 뒤에 not을 쓰고, '우리의 것'은 ours를 쓴다. 05 '나는'은 주어로 주격 I로 문장을 시작하고, '그들을'은 목적어로 목적격 them을 동사 뒤에 쓴다.

Self-Study
p. 81

A 01 His 02 them 03 She 04 Hers
05 Their

B 01 His, us 02 I, hers, yours 03 they, your

C 01 We often visit our grandparents.
02 Do you like him and her?
03 They miss you and your cousins.
04 The gloves are not mine.

A 01 이 분은 Brown 씨다. 그의 아내는 변호사이다.
02 나의 부모님은 나를 사랑하신다. 나도 또한 그들을 사랑한다.
03 David는 여동생이 한 명 있다. 그녀는 매우 귀엽다.
04 그것은 그녀의 배낭이 아니다. 그녀의 것은 주황색이다.
05 그 고양이들은 나의 것이다. 그것들의 이름은 Whiskers와 Snowy이다.

01 Mr. Brown을 대신하는 소유격은 His이다. 02 My parents를 대신하는 목적격은 them이다. 03 a sister를 대신하는 주격은 She이다. 04 her backpack을 대신하는 소유대명사는 Hers이다. 05 The cats를 대신하는 소유격은 Their이다.

B 01 '그의'는 소유격 His, '우리를'은 목적격 us를 쓴다. 02 '나는'은 주격 I, '그녀의 것'은 hers, '너의 것'은 yours를 쓴다. 03 '그들이'는 주격 they, '너의'는 소유격 your을 쓴다.

C 01 '우리는'이 주어로 주격 We로 문장을 시작하고, '우리의'는 소유격 our을 쓴다. 02 일반동사의 의문문으로 Do/Does로 문장을 시작하고, '그와 그녀를'은 목적어로 목적격 him and her를 동사 뒤에 쓴다. 03 '그들은'은 주어로 주격 They로 문장을 시작하고, '너와 네 사촌들을'은 목적어로 you and your cousins를 동사 뒤에 쓴다. 04 be동사의 부정문으로 be동사 뒤에 not을 쓰고, '나의 것'은 소유대명사 mine을 쓴다.

Unit 10 지시대명사와 비인칭 주어 it

Grammar Practice I
p. 83

A 01 This 02 Those 03 these 04 It
05 That 06 It

A 01 이것은 나의 연필이다.
02 저것들은 그녀의 책들이다.
03 이 아이들은 네 친구들이니?
04 12월 15일이다.
05 저것은 나의 집이다.
06 지금 눈이 오고 있다.

01 가까이에 있는 한 사람이나 물건 하나를 가리킬 때는 This 02 멀리 있는 둘 이상의 사람이나 물건을 가리킬 때는 Those 03 가까이에 있는 둘 이상의 사람이나 물건을 가리킬 때는 these 05 멀리 있는 한 사람이나 물건 하나를 가리킬 때는 That을 쓴다. 04 · 06 날짜나 날씨를 말할 때 비인칭 주어 It을 주어 자리에 쓴다.

B 01 이것은 우유다.
02 저것들은 토끼가 아니다.
03 봐! 밖에 비가 오고 있어.
04 저것은 호랑이다.
05 밖은 환하다.
06 이 안경은 나의 것이다.
07 너는 이 의자가 필요하니?
08 11시 35분이다.
09 저것은 너의 필통이니?
10 이것들은 나의 토마토가 아니다.
11 저 사자들을 봐라.
12 이 원숭이는 꼬리가 길다.

01 milk는 셀 수 없는 명사로 단수 취급하므로 This를 쓴다. 02 둘 이상의 사람이나 물건을 가리킬 때 These나 Those를 쓴다. 03 · 05 · 08 날씨, 명암, 시간을 말할 때 주어 자리에 비인칭 주어 It을 쓴다. 04 · 09 that은 한 사람이나 물건 하나를 가리킬 때 쓴다. 06 · 07 · 11 · 12 this/that 뒤에는 단수명사, these/those 뒤에는 복수명사를 쓴다. 10 These/Those가 주어일 때 be동사의 복수형 are를 쓴다.

Grammar Practice II
p. 84

A 01 That 02 these 03 aren't 04 these
05 It 06 Is 07 socks 08 that
09 It 10 it

B 01 Those are knives.
02 These koalas are cute.
03 Those boys don't look smart.
04 It is not (= isn't) Thursday today.
05 Does this baby have three teeth?
06 Is it hot and humid?

A 01 저 새는 높이 날고 있다.
02 이것들은 그의 사전들이니?
03 저것들은 그녀의 장화가 아니다.
04 너는 이 사람들을 아니?
05 오늘은 어린이날이다.
06 이 분이 너의 할아버지이시니?
07 이 양말은 나의 것이 아니다.
08 너는 저 집에서 사니?
09 겨울이다.
10 저것은 너의 주스니? 아니, 그렇지 않아.

01 뒤에 단수명사 bird가 오므로 That이 와야 한다. 02 be동사가 Are이므로 주어가 복수인 these가 와야 한다. 03 주어 Those가 복수이므로 복수동사

are가 와야 하는데 부정문이므로 aren't가 온다. **04** 뒤에 복수명사가 오고 있으므로 these가 와야 한다. **05** 특정한 날을 말할 때 비인칭 주어 It이 주어 자리에 와야 한다. **06** 뒤에 this가 단수이므로 단수동사 Is가 와야 한다. **07** These 뒤에는 복수명사가 온다. **08** 뒤에 단수명사가 오고 있으므로 that이 와야 한다. **09** 계절을 말할 때 비인칭 주어 It이 주어 자리에 와야 한다. **10** this/that으로 물으면 it으로 대답한다.

B **01** 저것은 칼이다. → 저것들은 칼들이다.
02 이 코알라는 귀엽다. → 이 코알라들은 귀엽다.
03 저 소년들은 영리해 보인다. → 저 소년들은 영리해 보이지 않는다.
04 오늘은 목요일이다. → 오늘은 목요일이 아니다.
05 이 아기는 이가 세 개이다. → 이 아기는 이가 세 개니?
06 날씨가 덥고 습하다. → 날씨가 덥고 습하니?

01 · 02 복수형 문장으로 만들려면 this/that을 these/those로, 단수명사를 복수명사로, be동사를 are로 바꾸어 쓴다. **03** 일반동사가 있는 문장을 부정문으로 만들려면 don't/doesn't를 동사원형 앞에 쓴다. **04** be동사가 있는 문장을 부정문으로 만들려면 be동사 뒤에 not을 쓴다. **05** 일반동사가 있는 문장을 의문문으로 만들려면 「Do/Does + 주어 + 동사원형 ~?」의 순으로 쓴다. **06** be동사가 있는 문장을 의문문으로 만들려면 be동사를 주어 앞에 쓴다.

Prep Writing
p. 85

A **01** These, my　**02** Those, are　**03** This, is, that, is
04 It, It　**05** These, mine, those, hers

B **01** <u>That</u> is not my cellphone.
02 Does she want <u>this</u> doll?
03 These <u>watches</u> look expensive.
04 Are <u>those</u> children her students?
05 <u>It</u> is 12 o'clock now.

A **01** '이 사람들은'은 These이고, '나의'는 소유격 my를 쓴다. **02** 뒤에 오는 명사(suitcases)가 복수이므로 지시형용사 Those를 쓴다. 주어가 복수이므로 be동사는 are를 쓴다. **03** '이것은'은 This, '저것은'은 that이고, 주어가 단수이므로 be동사는 is를 쓴다. **04** 계절, 날씨를 말할 때 비인칭 주어 It을 주어 자리에 쓴다. **05** '이것들은'은 These, '저것들은'은 those이고, '나의 것'은 mine, '그녀의 것'은 hers를 쓴다

B **01** '저것은'은 That이다. **02** 뒤에 단수명사가 오고, '이 인형은'으로 해석되므로 지시형용사 this를 써야 한다. **03** These 뒤에는 복수명사가 와야 한다. **04** 뒤에 복수명사가 오고, '저 아이들'로 해석되므로 지시형용사 those가 와야 한다. **05** 시간을 말할 때 비인칭 주어 It을 주어 자리에 쓴다.

Sentence Writing
p.86

A **01** This is my English teacher.
02 Are those your gloves? Yes, they are.
03 These balls are not yours.
04 It is my birthday today.

B **01** This is not my necklace.
02 It is November 11 today.
03 Those leaves are colorful.
04 It is cloudy and windy today.
05 I don't remember that boy.

A **01** '이 분은'은 주어로 This가 주어 자리에 오고, 다음에 be동사 is, 소유대명사 my는 English teacher 앞에 쓴다. **02** '저것들은'은 주어로 those를 쓰고, be동사의 의문문이므로 be동사를 주어 앞에 쓴다. **03** balls를 꾸며주는 지시형용사 These를 balls 앞에 쓰고, be동사의 부정문이므로 be동사 뒤에 not을 쓴다. **04** 비인칭 주어 It이 주어 자리에 온다.

B **01** '이것은'은 주어로 This를 문장 맨 앞에 쓰고, be동사의 부정문으로 not을

---

be동사 뒤에 쓰고, '나의'는 소유격 my를 명사 앞에 쓴다. **02 · 04** 날짜나 날씨를 말할 때 비인칭 주어 It을 주어 자리에 쓰고, 「be동사 + 날짜/날씨」 순으로 쓴다. **03** '저 나뭇잎들이'이 주어이므로 지시형용사 Those를 문장 맨 앞에 쓰고, Those 뒤에는 복수명사 leaves를 쓴다. **05** 일반동사의 부정문으로 don't/doesn't를 동사원형 앞에 쓰고, '저 소년을'은 목적어로 that을 boy 앞에 쓴다.

Self-Study
p. 87

A **01** Those　**02** that　**03** these, they
04 those　**05** it

B **01** It's, It's　**02** Is, that, it, is　**03** those, It

C **01** Is that your soccer ball?
02 It is snowing in Korea.
03 I want this scarf and those mittens.
04 These dictionaries are not ours.

A **01** 저것들은 나의 신발이 아니다.
02 저 빵은 그들의 것이니?
03 이것들은 너의 강아지들이니? 아니, 그렇지 않아.
04 저 꽃들을 봐라. 그것들은 아름답다.
05 지금 9시 30분이니?

01 동사가 are이므로 주어도 복수가 와서 Those이다. **02** 동사가 Is이므로 주어도 단수가 와서 that이다. **03** 동사가 Are이므로 주어도 복수가 와서 these이고, these로 물으면 they로 대답한다. **04** 뒤에 오는 명사가 복수명사이고, 주격 They가 대신하고 있으므로 those가 온다. **05** 시간을 말할 때 주어 자리에 비인칭 주어 it이 온다.

B **01** 날짜, 특정한 날을 말할 때 주어 자리에 비인칭 주어 It을 쓴다. be동사는 is가 오는데, It is를 줄여서 It's로 쓴다. **02** '저것은' that이 주어인 be동사의 의문문으로 be동사 Is가 맨 앞에 온다. that으로 물으면 it으로 대답한다. **03** 뒤에 복수명사 leaves가 오고 있으므로 those를 쓰고, 계절을 말할 때 비인칭 주어 It을 주어 자리에 쓴다.

C **01** '저것은' that이 주어인 be동사의 의문문으로 be동사 Is로 문장을 시작한다. **02** 날씨를 말할 때 비인칭 주어 It을 주어 자리에 쓴다. **03** this 뒤에는 단수명사, those 뒤에는 복수명사를 쓴다. **04** '이 사전들은'은 주어로 These 뒤에 복수명사를 쓰고, be동사의 부정문으로 be동사 뒤에 not을 쓴다.

Actual Test
pp. 88-90

01 ③　**02** ⑤　**03** ②　**04** ④　**05** ①　**06** ①　**07** ⑤　**08** ⑤
09 ④　**10** ③　**11** ①　**12** ⑤　**13** ①
14 These, their, They　**15** those, yours, they, are
16 My grandmother visits us every weekend.
17 Is this yellow umbrella yours?　**18** Its, She, it
19 Their, He, them　**20** Its, It

01 저 배우들을 보아라. 그들은 매우 잘생겼다.
　　actors를 대신하는 주격은 They이다.

02 우리는 그를/그녀를/그들을/너(희)를 잘 안다.
　　동사 뒤에는 목적격이 와야 하므로 소유격 its는 올 수 없다.

03 이 바지는 나의 것/그들의 것/너(희)의 것/그의 것이다.
　　'~의 것'으로 해석되는 소유대명사가 와야 하므로 소유격 her는 올 수 없다.

04 이 사람은 내 여동생이다. 그녀는 간호사이다.
　　가까운 곳에 있는 사람을 소개할 때 지시대명사 This를 사용하며, my sister를 대신하는 주격은 She이다.

05 그는 자동차를 한 대 가지고 있다. 그의 차는 회색이다. 그는 그것을 매우 좋아한다.

주어 자리에 주격 He, 명사 앞에는 소유격 His, 차를 가리키는 대명사의 목적격은 it이다.

06 A: 저것은 너의 카메라니? B: 아니, 그렇지 않아. 그것은 그녀의 것이야.
A: 이것들은 너의 귀걸이니? B: 응, 그래.

지시대명사 that으로 물으면 it으로 대답하고, these로 물으면 they로 대답한다.

07 · 여름이다.
  · 10월 4일이다.
  · 오늘은 토요일이다.

계절, 날짜, 요일을 말할 때 비인칭 주어 It이 주어 자리에 온다.

08 ① 그녀의 아버지는 소방관이다.
② 이 아이는 나의 조카이다.
③ 그는 너와 나를 그리워한다.
④ 그것의 이름은 Pinky이다.
⑤ 그들은 항상 우리를 초대한다.

① She father → Her father ② This children → This child
③ you and I → you and me ④ It's name → Its name

09 ① 이 자전거들은 우리의 것이 아니다.
② 너는 이 연필이 필요하니? 또는 너는 이 연필들이 필요하니?
③ 저 분이 너의 삼촌이니?
④ 여기서 가게까지 5킬로미터이다.
⑤ 그것은 나의 배낭이 아니다. 나의 것은 노란색이다.

① isn't → aren't ② these → this 또는 pencil →pencils ③ Are → Is
⑤ Me → Mine

10 ③ It → Its
명사 앞에 와서 '그것의'로 해석되므로 소유격 Its를 써야 한다.

11 ① That → It
날짜 혹은 특정한 날을 말할 때 비인칭 주어 It이 주어 자리에 온다.

12 ⑤ Her → Hers
「소유격 + 명사」를 대신하는 소유대명사 자리로 '그녀의 것'은 Hers이다.

13 ② This → It ③ him → his ④ you → your ⑤ he → him

14 '이것들은'은 These, '그들의'는 소유격 their, gloves를 대신하는 주격은 They를 쓴다.

15 뒤에 복수명사가 오고 있으므로 those를 쓰고, '너희들의 것'은 소유대명사 yours를 쓴다. those로 물으면 they로 대답한다.

16 '나의 할머니는'이 주어이므로 My grandmother로 문장을 시작하고, 목적어 '우리를'은 목적격 us를 동사 뒤에 쓴다.

17 be동사의 의문문으로 be동사로 문장을 시작하고, '너의 것'은 yours를 쓴다.

18 Sue는 고양이 한 마리를 가지고 있다. 그것의 이름은 Pinky이다. 그녀는 그것을 매우 좋아한다.

a cat을 받는 소유격은 Its, Sue는 주격 She 대신하고, 동사 다음에 a cat을 대신하는 목적격은 it을 쓴다.

19 Brian은 강아지 두 마리를 가지고 있다. 그것들의 이름은 Sophie와 Doggy이다. 그는 그것들을 매우 좋아한다.

two puppies를 받는 소유격은 Their, Brian은 주격 He가 대신하고, 동사 다음에 two puppies를 대신하는 목적격은 them을 쓴다.

20 Sam은 햄스터를 한 마리 가지고 있다. 그것의 이름은 Hammy이다. 그것은 눈이 빨갛다.

a hamster를 받는 소유격은 Its, a hamster(Hammy)를 대신하는 주격은 It을 쓴다.

Unit 11 Who, What, Which

Grammar Practice I   p. 93

A **01** Who   **02** What   **03** Which   **04** What
   05 Who   **06** What   **07** What   **08** Who
   09 What   **10** like   **11** wear   **12** does

B **01** She's listening to music.   **02** It's eleven thirty.
   03 A snake.   **04** He's a businessman.
   05 Mike is dancing.   **06** My sister remembers him.
   07 I like baseball.   **08** I miss my sister.

A **01** 너의 영어 선생님은 누구니?
   02 그녀가 가장 좋아하는 아이스크림은 무엇이니?
   03 코끼리와 호랑이 중에 어느 것이 더 크니?
   04 너는 저녁으로 무엇을 먹니?
   05 누가 바이올린을 연주하고 있니?
   06 너는 정오에 무엇을 하니?
   07 너는 어떤 음식을 좋아하니?
   08 누가 그를 아니?
   09 그녀의 머리는 무슨 색이니?
   10 너는 누구를 좋아하니?
   11 네 여동생은 무엇을 입니?
   12 네 아버지는 직업이 무엇이니?

01 · 05 · 08 주어이면서 사람을 물을 때 Who **02** 주어이면서 사물을 물을 때 What **03** 정해진 범위에서 무엇을 선택할 때 Which **04 · 06** 목적어이면서 사물을 물을 때 What을 쓴다. **07 · 09** What 뒤에 명사가 와서 '무슨(어떤) ~'라고 해석된다. **10 · 11 · 12** 의문사가 목적어일 때 「의문사 + do/does + 주어 + 동사원형 ~?」의 어순인데, 주어가 3인칭 단수이면 does를 그 외의 주어는 do를 쓴다. 주어 뒤에는 동사원형이 온다.

B **01** 너의 어머니는 무엇을 하고 계시니? 음악을 듣고 계셔.
   02 지금 몇 시니? 11시 30분이야.
   03 뱀과 달팽이 중에 어느 것이 더 기니? 뱀이 더 길어.
   04 그는 직업이 무엇이니? 그는 사업가야.
   05 누가 춤을 추고 있니? Mike가 춤을 추고 있어.
   06 누가 그를 기억하니? 내 여동생이 그를 기억해.
   07 너는 어떤 운동을 좋아하니? 나는 야구를 좋아해.
   08 너는 누구를 그리워하니? 나는 언니를 그리워해.

의문사가 있는 의문문은 Yes/No로 대답하지 않고 특정 정보로 대답한다.

Grammar Practice II   p. 94

A **01** What   **02** Who   **03** Which   **04** What
   05 What   **06** Who

B **01** <u>Who</u> is the woman over there?
   02 <u>What</u> does your father do?
   03 <u>Which</u> is longer, the Nile or the Amazon?
   04 <u>What</u> time do you have?
   05 What does he <u>cook</u>?

A **01** A: 너의 취미는 무엇이니? B: 내 취미는 그림을 그리는 것이야.
   02 A: 누가 그 이야기를 아니? B: Mike와 내가 그 이야기를 알아.
   03 A: 사자와 치타 중에 어느 것이 더 빠르니? B: 치타가 더 빨라.
   04 A: 너는 후식으로 무엇을 원하니? B: 나는 케이크 한 조각을 원해.

05 A: 오늘은 무슨 요일이니? B: 금요일이야.
06 A: 그녀는 누구를 돌보니? B: 그녀는 자기 아기를 돌봐.

01 주어이면서 사물을 물을 때 What **02** 주어이면서 사람을 물을 때 Who **03** 정해진 범위에서 무엇을 선택할 때 Which **04** 목적어이면서 사물을 물을 때 What **06** 목적어이면서 사람을 물을 때 Who를 쓴다. **05** What 뒤에 명사 day가 와서 요일을 묻는 표현이 된다.

B **01** A: 저기 있는 여성은 누구니? B: 그녀는 나의 이모야.
02 A: 너의 아버지는 직업이 무엇이니? B: 기술자야.
03 A: 나일강과 아마존 강 중에 어느 것이 더 기니? B: 나일강이 더 길어.
04 A: 몇 시니? B: 9시 30분이야.
05 A: 그는 무엇을 요리하니? B: 그는 스파게티를 요리해.

01 주어이면서 사람을 묻고 있으므로 Who **02** 직업을 묻는 표현은 What으로 시작하고 **03** 정해진 범위에서 무엇을 선택할 때 Which를 써야 한다. **04** What 다음에 명사 time이 와서 시간을 묻는 표현이 된다. **05** 의문사가 목적어일 때 주어 다음에는 동사원형이 온다.

Prep Writing
p. 95

A **01** Who, is **02** What, are **03** Which, is
04 Who, does, like **05** What, do, have/eat

B **01** Who does she like? **02** Who is cleaning the house?
03 What are they? **04** What does she have?
05 Who knows the singer?

A **01** 주어이면서 사람을 물을 때 Who를 쓰고, 동사는 is를 쓴다. **02** 사물을 물을 때 What을 쓰고, 동사는 뒤에 오는 these에 맞추어 복수형을 쓴다. **03** 정해진 범위에서 무엇을 선택할 때 Which를 쓰고, 동사는 is를 쓴다. **04·05** 의문사가 목적어일 때 「의문사 + do/does + 주어 + 동사원형 ~?」의 어순인데, 주어가 3인칭 단수이면 does를 그 외의 주어는 do를 쓰고, 주어 뒤에는 동사원형을 쓴다.

B 보기 그녀의 이름은 Kate이다. → 그녀의 이름은 무엇이니?
01 그녀는 Martin을 좋아한다. → 그녀는 누구를 좋아하니?
02 나의 어머니는 집을 청소하고 계신다. → 누가 집을 청소하고 있니?
03 그것들은 이구아나들이다. → 그것들은 무엇이니?
04 그녀는 테디베어를 하나 가지고 있다. → 그녀는 무엇을 가지고 있니?
05 모든 사람이 그 가수를 안다. → 누가 그 가수를 아니?

01 목적어인 사람(Martin)을 물을 때 「Who + do/does + 주어 + 동사원형 ~?」의 어순인데, 주어가 3인칭 단수(she)이므로 does를 쓴다. **02** 주어인 사람(My mother)을 물을 때 「Who + be동사/일반동사 ~?」의 어순이다. **03** 사물(iguanas)을 물을 때 What을 쓰고 뒤에 일반동사 are를 쓴다. **04** 목적어인 사물을 물을 때 「What + do/does + 주어 + 동사원형 ~?」의 어순인데, 주어가 3인칭 단수(she)이므로 does를 쓴다. **05** 주어인 사람(Everyone)을 물을 때 「Who + be동사/일반동사 ~?」의 어순이다.

Sentence Writing
p. 96

A **01** What is in your backpack?
02 Who do they visit on weekends?
03 What time does your mother get up?
04 Which is stronger, a diamond or metal?

B **01** What is that strange sound?
02 Who is driving the car?
03 Who does he meet on weekends?
04 What does your uncle do?
05 What color is her raincoat?

A **01** 의문사는 의문문의 맨 앞에 쓴다. 의문사가 주어일 때 「What + be동사/

일반동사 ~?」의 어순으로 쓴다. **02** 의문사가 목적어일 때 「의문사 + do/does + 주어 + 동사원형 ~?」의 어순으로 쓴다. **03** What 다음에 명사 time이 오고 뒤에 「do/does + 주어 + 동사원형 ~?」의 어순으로 쓴다. **05** 정해진 범위에서 무엇을 선택할 때 Which를 쓰고 뒤에 be동사 is가 온다.

B **01** 의문사가 주어로 사물을 묻고 있으므로 What을 맨 앞에 쓴다. **02** 의문사가 주어로 사람을 묻고 있으므로 Who를 맨 앞에 쓴다. **03** 의문사가 목적어로 사람을 묻고 있으므로 「Who + do/does + 주어 + 동사원형 ~?」의 어순으로 쓰는데, 주어가 3인칭 단수(he)이므로 does를 쓴다. **04** 직업을 물을 때 「What + do/does + 주어 + 동사원형 ~?」의 어순이다. **05** What 다음에 명사 color가 온다.

Self-Study
p. 97

A **01** Who **02** What **03** Who **04** Which
05 What

B **01** Who, knows **02** What, does, do
03 What, color, do

C **01** What does she teach at school?
02 Who do they help every day?
03 What is your favorite movie?
04 Who has my laptop computer?

A **01** 주어이면서 사람을 물을 때 Who **02** 주어이면서 사물을 물을 때 What **03** 목적어이면서 사람을 물을 때 Who **04** 정해진 범위에서 무엇을 선택할 때 Which **05** 직업을 물을 때 What을 쓴다.

B **01** 주어이면서 사람을 물을 때 Who를 쓰고, 뒤에 바로 동사가 온다. **02** 목적어이면서 사물을 물을 때 What을 쓰고, 뒤에 「do/does + 주어 + 동사원형 ~?」의 어순으로 쓴다. 주어가 3인칭 단수(your sister)이므로 does를 쓴다. **03** '어떤 색'은 What 다음에 명사 color가 오고, 뒤에 「do/does + 주어 + 동사원형 ~?」의 어순으로 쓰는데, 주어가 복수(the children)이므로 do를 쓴다.

C **01** 의문사가 목적어로 사물을 묻고 있으므로 「What + do/does + 주어 + 동사원형 ~?」의 어순으로 쓰는데, 주어가 3인칭 단수(she)이므로 does를 쓴다. **02** 의문사가 목적어로 사람을 묻고 있으므로 「Who + do/does + 주어 + 동사원형 ~?」의 어순으로 쓰는데, 주어가 복수(they)이므로 do를 쓴다. **03** 의문사가 주어로 사물을 묻고 있으므로 What을 맨 앞에 쓰고, 뒤에 바로 동사를 쓴다. **04** 의문사가 주어로 사람을 묻고 있으므로 Who를 맨 앞에 쓰고, 뒤에 바로 동사를 쓴다.

Unit 12 When, Where, Why, How

Grammar Practice I
p. 99

A **01** Where **02** Why **03** Where **04** Why
05 How **06** When **07** Why **08** When
09 When **10** How **11** is **12** go

B **01** It's on September 18. **02** He stays at a hotel.
03 I'm great. **04** Because it's Friday.
05 I eat breakfast at 8. **06** I go to work by subway.
07 Because it's sweet. **08** He's from England.

A **01** A: 너는 어디에 있니? B: 나는 박물관에 있어.
02 A: 너는 왜 그녀를 좋아하니? B: 그녀는 친절하기 때문이야.
03 A: 그는 어디에서 사니? B: 그는 런던에서 살아.
04 A: 너는 왜 서두르니? B: 학교에 늦기 때문이야.
05 A: 어떻게 지내? B: 잘 지내고 있어.
06 A: 그 쇼는 언제 시작하니? B: 곧 시작해.
07 A: 그녀는 왜 결석했니? B: 감기에 걸렸기 때문이야.

08 A: 너는 언제 저녁을 먹니?   B: 나는 7시에 저녁을 먹어.
09 A: 어린이날은 언제니?   B: 5월 5일이야.
10 A: 너는 어떻게 학교에 가니?   B: 버스로 가.
11 너의 자전거는 어디에 있니?
12 그는 언제 잠자리에 드니?

01 · 03 장소를 물을 때 Where **02 · 04 · 07** 이유를 물을 때 Why **06 · 08 · 09** 시간을 물을 때 When. **05 · 10** 안부나 방법을 물을 때 How를 쓴다. **11** be동사 is가 와야 한다. does가 오려면 your bike 다음에 동사원형이 와야 한다. **12** When으로 시작하는 의문문에서 일반동사가 있는 의문문은 「When + do/does + 주어 + 동사원형 ~?」의 어순으로, 주어 뒤에 동사원형이 온다.

B 01 네 생일은 언제니? 9월 18일이야.
02 그는 어디에 머무르니? 그는 호텔에 머물러.
03 어떻게 지내니? 잘 지내.
04 너는 왜 기분이 좋니? 금요일이기 때문이야.
05 너는 언제 아침을 먹니? 나는 8시에 아침을 먹어.
06 너는 어떻게 직장에 가니? 나는 지하철로 가.
07 너는 왜 초콜릿을 좋아하니? 달콤하기 때문이야.
08 그는 어디 출신이니? 그는 영국 출신이야.

의문사가 있는 의문문은 Yes/No로 대답하지 않고 특정 정보로 대답한다.

Grammar Practice II
p. 100

A 01 Where   02 Why   03 How   04 When
05 How   06 Why

B 01 <u>When</u> is New Year's Day?
02 <u>Where</u> is the post office?
03 <u>Why</u> do you study hard?
04 <u>When</u> do you have P.E.?
05 <u>How</u> is your mother?

A 01 A: 너의 영어 선생님은 어디 출신이니?   B: 그녀는 캐나다 출신이야.
02 A: 너는 왜 집에 있니?   B: 밖이 춥기 때문이야.
03 A: 나 어때 보여?   B: 멋져 보여.
04 A: 네 수업은 언제 시작하니?   B: 9시에 시작해.
05 A: 너는 어떻게 극장에 가니?   B: 나는 기차로 극장에 가.
06 A: 너는 왜 나를 쳐다보고 있니?   B: 네가 예쁘기 때문이야.

01 장소를 물을 때는 Where **02** 이유를 물을 때는 Why **03 · 05** 상태나 방법을 물을 때는 How **04** 시간을 물을 때는 When **06** 이유를 물을 때는 Why를 쓴다.

B 01 A: 설날은 언제니?   B: 1월 1일이야.
02 A: 우체국은 어디에 있니?   B: 은행 옆에 있어.
03 A: 너는 왜 열심히 공부하니?   B: 시험이 있기 때문이야.
04 A: 체육 시간은 언제 있니?   B: 월요일에 있어.
05 A: 너의 어머니는 어떻게 지내시니?   B: 잘 지내셔.

01 · 04 시간이나 때를 물을 때는 When **02** 장소를 물을 때는 Where **03** 이유를 물을 때는 Why **05** 안부를 물을 때는 How를 쓴다.

Prep Writing
p. 101

A 01 How, does   02 Where, does, go
03 When, is   04 How, are, How, is
05 Why, is

B 01 Where are they?
02 How does she go to church?

03 When do the leaves turn red?
04 Why does he study hard?
05 When is the school sports day?

A 01 맛이 어떤지 상태를 묻고 있으므로 의문사는 How를 쓰고, 의문사 뒤에 「do/does + 주어 + 동사원형 ~?」이 오는데, 주어가 3인칭 단수(it)이므로 does를 쓴다. 02 장소를 묻고 있으므로 의문사는 Where을 쓰고, 의문사 뒤에 「do/does + 주어 + 동사원형 ~?」이 오는데, 주어가 3인칭 단수(she)이므로 does를 쓴다. 03 때를 묻고 있으므로 의문사는 When을 쓰고, 주어가 3인칭 단수(your English test)이므로 be동사는 is를 쓴다. 04 안부를 묻고 있으므로 의문사는 How를 쓰고, 주어가 you일 때 are, 주어가 3인칭 단수일 때 is를 쓴다. 05 이유를 묻고 있으므로 의문사는 Why를 쓰고, 주어가 3인칭 단수(he)인 현재진행형 문장으로 be동사는 is를 쓴다.

B 보기 오늘은 바람이 분다. → 날씨가 어떠니?
01 그들은 영화관에 있다. → 그들은 어디에 있니?
02 그녀는 버스를 타고 교회에 간다. → 그녀는 어떻게 교회에 가니?
03 그 나뭇잎들은 가을에 단풍이 든다. → 그 나뭇잎들은 언제 단풍이 드니?
04 그는 시험이 있기 때문에 열심히 공부한다. → 그는 왜 열심히 공부하니?
05 학교 운동회는 다음 화요일이다. → 학교 운동회는 언제니?

01 장소를 물을 때는 Where을 쓰고, be동사가 있는 의문사 의문문으로 뒤에 「be동사 + 주어 ~?」가 온다. 주어가 복수(they)이므로 are를 쓴다. **02** 방법을 물을 때는 How를 쓰고, 일반동사가 있는 의문사 의문문으로 뒤에 「do/does + 주어 + 동사원형 ~?」이 온다. 주어가 3인칭 단수(she)이므로 does를 쓴다. **03** 시간을 물을 때는 When을 쓰고, 일반동사가 있는 의문사 의문문으로 뒤에 「do/does + 주어 + 동사원형 ~?」이 온다. 주어가 복수(the leaves)이므로 do를 쓴다. **04** 이유를 물을 때는 Why를 쓰고, 일반동사가 있는 의문사 의문문으로 뒤에 「do/does + 주어 + 동사원형 ~?」이 온다. 주어가 3인칭 단수(he)이므로 does를 쓴다. **05** 시간을 물을 때는 When을 쓰고, be동사가 있는 의문사 의문문으로 뒤에 「be동사 + 주어 ~?」가 온다. 주어가 3인칭 단수(the school sports day)이므로 is를 쓴다.

Sentence Writing
p. 102

A 01 Why is your sister crying?
02 When do they have a party?
03 Where is your English teacher from?
04 How does she make a cake?

B 01 Where is the subway station?
02 Why does he take medicine?
03 When is Valentine's Day?
04 When does the movie start?
05 How do they go to work?

A 01 현재진행형 문장으로 「의문사 + be동사 + 주어 + 동사원형-ing ~?」의 어순으로 쓴다. 02 · 04 일반동사가 있는 의문사 의문문이므로 「의문사 + do/does + 주어 + 동사원형 ~?」의 어순으로 쓴다. 03 be동사가 있는 의문사 의문문이므로 「의문사 + be동사 + 주어 ~?」의 어순으로 쓴다.

B 01 장소를 물을 때는 Where 02 이유를 물을 때는 Why 03 · 04 시간을 물을 때는 When 05 방법을 물을 때는 How를 의문문의 맨 앞에 쓴다. 의문사 뒤에 be동사가 있는 의문사 의문문의 경우 「be동사 + 주어 ~?」의 어순으로 쓰고, 일반동사가 있는 의문사 의문문의 경우 「do/does + 주어 + 동사원형 ~?」의 어순으로 쓴다. 주어에 따라 be동사와 do/does를 구별해서 쓴다.

Self-Study
p. 103

A 01 When   02 How   03 Where   04 Why
05 When

B 01 How, do, sleep   02 When, does, leave
03 Where, do, watch

C 01 When do they have a meeting?
　　02 Why are you hungry?
　　03 Where is he traveling now?
　　04 How do I get to the post office?

A　01 A: 그녀의 생일은 언제니?　　B: 4월 5일이야.
　　02 A: 요즘은 어떻게 지내니?　　B: 잘 지내고 있어.
　　03 A: 그녀는 어디에 사니?　　B: 그녀는 서울에 살아.
　　04 A: Mike는 왜 결석했니?　　B: 그가 아프기 때문이야.
　　05 A: 부엉이는 언제 사냥하니?　　B: 밤에 사냥해.

　　01 · 05 시간이나 때를 물을 때는 When 02 안부를 물을 때는 How
　　03 장소를 물을 때는 Where 04 이유를 물을 때는 Why를 쓴다.

B　01 방법을 묻고 있으므로 의문사는 How를 쓰고, 일반동사가 있는 의문사
　　의문문이므로 뒤에 「do/does + 주어 + 동사원형 ~?」이 오는데, 주어가
　　복수(fish)이므로 do를 쓴다. 02 때를 묻고 있으므로 의문사는 When을 쓰고,
　　일반동사가 있는 의문사 의문문이므로 뒤에 「do/does + 주어 + 동사원형
　　~?」이 오는데, 주어가 3인칭 단수(she)이므로 does를 쓴다. 03 장소를 묻고
　　있으므로 의문사는 Where을 쓰고, 일반동사가 있는 의문사 의문문이므로 뒤에
　　「do/does + 주어 + 동사원형 ~?」이 오는데, 주어가 you이므로 do를 쓴다.

C　01 시간을 물을 때는 When 02 이유를 물을 때는 Why 03 장소를 물을
　　때는 Where 04 방법을 물을 때는 How를 문장의 맨 앞에 쓴다. 의문사 뒤에
　　be동사가 있는 의문사 의문문의 경우 「be동사 + 주어 ~?」의 어순으로 쓰고,
　　일반동사가 있는 의문사 의문문의 경우 「do/does + 주어 + 동사원형 ~?」의
　　어순으로 쓴다. 주어에 따라 be동사와 do/does를 구별해서 쓴다.

Unit 13　How + 형용사/부사

Grammar Practice I　　　　　　　　p. 105

A　01 old　　　02 long　　　03 tall　　　04 high
　　05 much　　06 often　　07 take　　08 is
　　09 cheese　10 oranges

B　01 often　　02 long　　03 high　　04 heavy
　　05 far　　　06 old

A　01 A: 너의 아버지는 연세가 어떻게 되니?　　B: 45세야.
　　02 A: 그 강은 얼마나 기니?　　　　　　　　　B: 50km야.
　　03 A: 네 여동생은 키가 얼마나 되니?　　　　B: 160cm야.
　　04 A: 그 건물은 얼마나 높니?　　　　　　　　B: 10m야.
　　05 A: 그 신발은 가격이 얼마니?　　　　　　　B: 15달러야.
　　06 A: 너는 얼마나 자주 운동하니?　　　　　　B: 매일 해.
　　07 A: 그것은 시간이 얼마나 걸리니?　　　　　B: 30분 걸려.
　　08 A: 그 책은 얼마나 무겁니?　　　　　　　　B: 2kg이야.
　　09 A: 너는 치즈를 얼마나 가지고 있니?
　　10 A: 너는 오렌지가 몇 개 필요하니?

　　01 나이를 물을 때는 How old 02 길이를 물을 때는 How long 03 키를
　　물을 때는 How tall 04 높이를 물을 때는 How high 05 가격을 물을 때는
　　How much 06 빈도를 물을 때는 How often을 쓴다. 07 일반동사가 있는
　　의문사 의문문으로 주어 다음에 동사원형을 쓴다. 08 be동사가 있는 의문사
　　의문문으로 주어가 3인칭 단수(the book)이므로 is를 쓴다. 09 How much
　　뒤에는 셀 수 없는 명사가 오고 10 How many 뒤에는 셀 수 있는 명사가 온다.

B　01 A: 그들은 얼마나 자주 축구를 하니?　　B: 일주일에 두 번 해.
　　02 A: 거기까지 가는 데 얼마나 걸리니?　　B: 30분 걸려.
　　03 A: 에베레스트 산은 얼마나 높니?　　　B: 8,850m야.
　　04 A: 그 여행 가방은 얼마나 무겁니?　　　B: 20kg야.
　　05 A: 기차역이 얼마나 머니?　　　　　　　B: 2km야.
　　06 A: 너의 할머니는 연세가 어떻게 되니?　B: 80세야.

　　01 빈도를 물을 때는 How often 02 기간을 물을 때는 How long 03 높이를
　　물을 때는 How high 04 무게를 물을 때는 How heavy 05 거리를 물을 때는
　　How far 06 나이를 물을 때는 How old를 쓴다.

Grammar Practice II　　　　　　　　p. 106

A　01 How, long　02 How, much　03 How, often
　　04 How, many　05 How, high　　06 How, heavy

B　01 How old is your sister?
　　02 How much water do we have?
　　03 How tall is the giraffe?
　　04 How many cousins do you have?
　　05 How long does it take?

A　01 A: 그 다리는 얼마나 기니?　　　　　　　　　B: 4km야.
　　02 A: 그의 휴대전화는 가격이 얼마니?　　　　　B: 150달러야.
　　03 A: 너는 얼마나 자주 쇼핑을 가니?　　　　　B: 일주일에 한 번 쇼핑을 가.
　　04 A: 방에 의자가 몇 개 있니?　　　　　　　　B: 다섯 개가 있어.
　　05 A: 엠파이어 스테이트 빌딩은 얼마나 높니?　B: 약 448m야.
　　06 A: 이 금괴는 얼마나 무겁니?　　　　　　　　B: 1kg이야.

　　01 길이를 물을 때는 How long 02 가격을 물을 때는 How much
　　03 빈도를 물을 때는 How often 05 높이를 물을 때는 How high 06 무게를
　　물을 때는 How heavy를 쓴다. 04 수량을 물을 때 How many/much ~?를
　　쓰는데, 셀 수 있는 명사는 How many와 함께 쓴다.

B　01 나이를 묻고 있으므로 How old를 쓴다. 02 수량을 물을 때 셀 수 없는
　　명사는 How much와 함께 쓴다. 03 키를 묻고 있으므로 How tall을 쓴다.
　　04 How many 다음에 오는 셀 수 있는 명사는 복수형으로 쓴다.
　　05 일반동사가 있는 의문사 의문문으로 주어 다음에 동사원형이 와야 한다.

Prep Writing　　　　　　　　p. 107

A　01 How, heavy　　　　02 How, often, play
　　03 How, far　　　　　04 How, long, take
　　05 How, many, does, have

B　01 How old is the singer?
　　02 How tall is he?
　　03 How often do you ride your bike?
　　04 How long is the Han River?
　　05 How much money does she have?

A　01 몸무게를 물을 때는 How heavy를 쓴다. 02 빈도를 물을 때는 How
　　often을 쓰고, 일반동사가 있는 의문사 의문문으로 뒤에 「do/does + 주어 +
　　동사원형 ~?」 순으로 쓴다. 주어가 you이므로 do를 쓴다. 03 거리를 물을
　　때는 How far를 쓴다. 04 기간을 물을 때는 How long을 쓰고, 일반동사가
　　있는 의문사 의문문으로 주어 뒤에 동사원형이 온다. 05 셀 수 있는 명사의
　　수량을 물을 때 How many를 쓰고, 뒤에 「do/does + 주어 + 동사원형 ~?」
　　순으로 쓴다.

B　보기 그것은 15달러야. → 그것은 가격이 얼마니?
　　01 그 가수는 25살이야. → 그 가수는 몇 살이니?
　　02 그는 키가 180cm야. → 그는 키가 얼마니?
　　03 나는 일주일에 한 번 자전거를 타. → 너는 얼마나 자주 자전거를 타니?
　　04 한강은 길이가 대략 514km야. → 한강은 길이가 얼마나 기니?
　　05 그녀는 25달러를 가지고 있어. → 그녀는 돈을 얼마나 가지고 있니?

　　01 나이를 묻고 있으므로 How old 02 키를 묻고 있으므로 How tall
　　03 빈도를 묻고 있으므로 How often 04 길이를 묻고 있으므로 How long
　　05 가진 돈의 액수를 묻고 있으므로 How much money를 쓴다. 「How +
　　형용사/부사」 뒤에 일반동사가 있는 경우에는 「do/does + 주어 + 동사원형
　　~?」의 순으로 쓰고, be동사가 있는 경우에는 「be동사 + 주어 ~?」의 순으로
　　쓴다.

A 01 How often do you go to the movies?
　　02 How much time does he have?
　　03 How far is it from the library?
　　04 How many jeans do you have?

B 01 How long is the Nile River?
　　02 How much is this pineapple?
　　03 How high is the Eiffel Tower?
　　04 How long does it take to get there?
　　05 How old is that temple?

A 01 How often을 맨 앞에 쓰고, 뒤에 「do/does + 주어 + 동사원형 ~?」 순으로 쓴다. 02 셀 수 없는 명사 time 앞에 How much를 쓰고, 뒤에 「do/does + 주어 + 동사원형 ~?」 순으로 쓴다. 03 How far를 맨 앞에 쓰고, 뒤에 「be동사 + 주어 ~?」 순으로 쓴다. 04 셀 수 있는 명사 앞에 How many를 쓰고, 뒤에 「do/does + 주어 + 동사원형 ~?」 순으로 쓴다.

B 01 길이를 물을 때는 How long 02 가격을 물을 때는 How much 03 높이를 물을 때는 How high 04 기간을 물을 때는 How long 05 나이를 물을 때는 How old를 쓴다. 「How + 형용사/부사」 뒤에 일반동사가 있는 경우에는 「do/does + 주어 + 동사원형 ~?」 순으로 쓰고, be동사가 있는 경우에는 「be동사 + 주어 ~?」 순으로 쓴다.

Self-Study
p. 109

A 01 How, old　　02 How, often　　03 How, much
　　04 How, long　　05 How, much

B 01 How, many, days　　02 How, far
　　03 How, long, take

C 01 How often do you eat out?
　　02 How long does she sleep?
　　03 How much butter do they have?
　　04 How tall is the basketball player?

A 01 A: 네 여동생은 몇 살이니?　　B: 7살이야.
　　02 A: 그들은 얼마나 자주 만나니?　　B: 일주일에 한 번 만나.
　　03 A: 그 모자는 가격이 얼마니?　　B: 25달러야.
　　04 A: 그 다리는 얼마나 기니?　　B: 4km야.
　　05 A: 너는 우유를 얼마나 마시니?　　B: 하루에 500ml씩 마셔.

01 나이를 물을 때는 How old 02 빈도를 물을 때는 How often 03 가격을 물을 때는 How much 04 길이를 물을 때는 How long을 쓴다. 05 수량을 물을 때 셀 수 없는 명사는 How much와 같이 쓴다.

B 01 날(day)은 셀 수 있는 명사로 How many를 쓰고, 뒤에 셀 수 있는 명사의 복수형이 온다. 02 거리를 물을 때는 How far를 쓴다. 03 기간을 물을 때는 How long을 쓰고 주어 뒤에 동사원형이 온다.

C 01 빈도를 물을 때는 How often을 쓰고, 뒤에 「do/does + 주어 + 동사원형 ~?」 순으로 쓴다. 주어가 you이므로 do를 쓴다. 02 기간을 물을 때는 How long을 쓰고, 뒤에 「do/does + 주어 + 동사원형 ~?」 순으로 쓴다. 주어가 she이므로 does를 쓴다. 03 셀 수 없는 명사 butter는 수량을 물을 때 How much를 쓴다. 04 키를 물을 때는 How tall을 쓰고, 뒤에 「be동사 + 주어 ~?」 순으로 쓴다.

01 ③　02 ②　03 ②　04 ④　05 ④　06 ⑤　07 ⑤　08 ④
09 ②　10 ②　11 ④　12 How much time do you have?
13 When does your vacation start?
14 What is your favorite season?　15 How do you study Chinese?
16 Why do you like snowy days?　17 What　18 Who
19 Where　20 When　21 How long

01 A: 그녀는 어디에서 중국어를 배우니?　B: 학교에서 배워.
　　장소를 물을 때는 Where을 쓴다.

02 A: 그는 무엇을 그리고 있니?　B: 그는 장미 한 송이를 그리고 있어.
　　목적어이면서 사물을 물을 때 What을 쓴다.

03 A: 너는 얼마나 자주 하이킹을 가니?　B: 일주일에 한 번 가.
　　빈도를 물을 때는 How often을 쓴다.

04 그녀는 책/펜/장난감/신발을 몇 개 가지고 있니?
　　How many 뒤에는 셀 수 있는 명사가 와야 하는데, time은 셀 수 없는 명사이다.

05 A: 누가 그녀의 가장 친한 친구니?
　　B: 그녀의 가장 친한 친구는 Tony야.
　　A: 너는 방과 후에 무엇을 하니?　　B: 축구를 해.
　　A: 하마와 사자 중에 어느 것이 더 크니?　　B: 하마가 더 커.
　　주어이면서 사람을 물을 때 Who, 목적어이면서 사물을 물을 때 What, 정해진 범위에서 무엇을 선택할 때 Which를 쓴다.

06 A: 너는 왜 그녀를 좋아하니?　B: 그녀가 귀엽기 때문이야.
　　A: 그 게임은 언제 시작하니?　B: 10분 후에 시작해.
　　이유를 물을 때는 Why를 쓰고, 시간을 물을 때는 When을 쓴다.

07 ① 네가 가장 좋아하는 음식은 무엇이니?
　　② 지금 몇 시니?
　　③ 오늘은 무슨 요일이니?
　　④ 너의 어머니는 직업이 무엇이니?
　　⑤ 그녀는 돈을 얼마나 가지고 있니?
　　좋아하는 음식, 시간, 요일, 직업을 물을 때는 의문사 What을 쓰고, 수량을 물을 때는 의문사 How를 써야 한다.

08 · 오늘은 날씨가 어떠니?
　　· 너는 얼마나 자주 수영하러 가니?
　　· 그 차는 가격이 얼마니?
　　날씨, 빈도, 가격을 물을 때 의문사 How를 공통으로 쓴다.

09 A: Susan은 왜 그렇게 서두르니?
　　B: 그녀는 연주회에 늦었기 때문이야.
　　Because를 사용하여 대답하고 있으므로, 이유를 묻는 질문이 와야 한다.

10 A: 몇 시니?
　　B: 9시 정각이야.
　　①, ③, ④, ⑤는 모두 시간을 묻는 질문이고, ②는 '시간 있니?'라는 의미의 질문이다.

11 ① lives → live　② When → Why　③ do → does　⑤ Where → How

12 너는 시간이 얼마나 있니?
　　셀 수 없는 명사 time은 How much와 함께 쓴다.

13 네 방학은 언제 시작하니?
　　일반동사가 있는 의문사 의문문으로 주어 뒤에는 동사원형이 온다.

14 사물을 물을 때 What을 쓰고, 의문사가 주어이므로 뒤에 바로 동사가 온다.

15 방법을 물을 때는 How를 쓰고, 일반동사가 있는 의문사 의문문으로 뒤에 「do/does + 주어 + 동사원형 ~?」 순으로 쓴다.

16 이유를 물을 때는 Why를 쓰고, 일반동사가 있는 의문사 의문문으로 뒤에 「do/does + 주어 + 동사원형 ~?」 순으로 쓴다.

17 Kate 그 연주회의 제목이 무엇이니? Mark Summer Piano Concert야.

주어이면서 사물을 묻고 있으므로 What을 쓴다.

18 Kate 누가 피아노를 연주하니? Mark Paul Green이 연주해.

주어이면서 사람을 묻고 있으므로 Who를 쓴다.

19 Kate 그 연주회는 어디에서 열리니? Mark Lotus Garden에서 열려.

장소를 물을 때는 Where을 쓴다.

20 Kate 그 연주회는 언제 열리니? Mark 토요일이야.

시간을 물을 때는 When을 쓴다.

21 Kate 그 연주회가 얼마나 오래 계속되니? Mark 두 시간 동안 해.

기간을 물을 때는 How long을 쓴다.

문법 탄탄

○ 정답 및 해설

. . . .
문장의 기본편 ❶

WRITING 1

기초 영문법이 탄탄해지면 영작 실력도 쑥쑥 자란다!

- ✄ 기초 영문법을 토대로 단계적인 영어문장 쓰기 학습
- ✄ 올바른 영어문장 쓰기를 위한 명쾌한 영문법 설명
- ✄ 유용한 영어문장을 충분히 써 볼 수 있도록 다양한 문제 수록
- ✄ 기본 문장에서 확장된 문장 쓰기를 위한 체계적 4단계 구성
- ✄ 학교 내신 및 서술형 시험 대비를 위한 평가 유형 반영

문법 탄탄 WRITING 시리즈

- ☑ 문법 탄탄 WRITING 1 문장의 기본편 ❶
- ☐ 문법 탄탄 WRITING 2 문장의 기본편 ❷
- ☐ 문법 탄탄 WRITING 3 문장의 확장편 ❶
- ☐ 문법 탄탄 WRITING 4 문장의 확장편 ❷